THE WISDOM OF FINANCE

生活中的金融学

哈佛金融通识课

[美] 米希尔·A.德赛◎著
刘婉婷 张旭◎译

北京联合出版公司
Beijing United Publishing Co.,Ltd.

图书在版编目(CIP)数据

生活中的金融学：哈佛金融通识课 / (美) 米希尔·A. 德赛著；刘婉婷，张旭译. —北京：北京联合出版公司，2020.8

ISBN 978-7-5596-4269-1

Ⅰ. ①生… Ⅱ. ①米… ②刘… ③张… Ⅲ. ①金融学—通俗读物 Ⅳ. ① F830-49

中国版本图书馆 CIP 数据核字 (2020) 第 097220 号

北京市版权局著作权合同登记　图字：01-2020-4761

生活中的金融学：哈佛金融通识课

著　　者：[美] 米希尔·A. 德赛
译　　者：刘婉婷　张　旭
出 品 人：赵红仕
责任编辑：徐　樟

北京联合出版公司出版
（北京市西城区德外大街 83 号楼 9 层　100088）
天津旭丰源印刷有限公司印刷　新华书店经销
字数 165 千字　880 毫米 × 1230 毫米　1/32　9 印张
2020 年 8 月第 1 版　2020 年 8 月第 1 次印刷
ISBN 978-7-5596-4269-1
定价：58.00 元

致

蒂娜、米娅、艾拉和帕尔瓦蒂

财富是诗。

——华莱士·史蒂文斯《遗作集·箴言》

目 录

自序 ... 01

引言 金融和美好生活 ... 05

第一章 命运之轮 ... 001

生活最基本的问题就是直面无序，直面混沌，摸索其中规律，不否认混乱，并且努力与之共处。保险就是用以解释这一切的核心隐喻——通过实践、实用主义和同理心。

- 弗利特克拉夫特的故事
- 高尔顿钉板
- 从船舶抵押贷款到唐提式保险
- 人人都是保险公司
- 华莱士·史蒂文斯与《秩序的观念》

第二章 风险交易 ... 031

保险是用以管控一系列风险——比如死亡、寿命，或者天灾——的强大工具。但保险并没有涵盖我们在劳动市场或婚姻市场遇到的风险。幸运的是，金融借用保险的逻辑，创造出了两大风险管控工具——期权和分散投资。

- 《傲慢与偏见》中的风险管控
- 唯一真实存在的“免费午餐”
- 如果牛顿在高盛投资工作
- 生活中的“负贝塔”资产

第三章 论价值 ... 059

从哲学角度看金融的估值理论就顺理成章了，我们不都在努力创造价值吗？金融对价值的探寻，就是我们对生存意义的求索。

- 天资的寓言
- 教育投资值得吗？
- “阿尔法收益”与“贝塔收益”
- 价值创造的残酷逻辑
- 塞缪尔·约翰逊与约翰·弥尔顿

第四章 成为你自己的制片人 ... 081

这些孩子长大后，成了典型的代理人，因为需要被赞赏而不停地追求更多成就。但他们却不知道该如何在成年后成为一名委托人。

■《金牌制作人》中的公司治理
■苹果公司与同笑乐糖果公司
■委托与代理问题
■痴迷弗洛伊德的梅尔·布鲁克斯

第五章 没有金融就没有爱情 ... 109

从文艺复兴时期的佛罗伦萨的金融活动到汽车产业兴起，再到网络时代伊始，金钱和爱情一直有不可否认的联系，而且越来越多的金融故事和并购的智慧，确实可以给如何经营爱情提供一些很好的见解。

■文艺复兴时期意大利的嫁妆基金
■“一树梨花压海棠”
■并购与婚姻
■金融之外的爱情

第六章 梦想成真 ... 135

正是对杠杆的巧妙利用，他才从金砖赌场走到了今天。《大力水手》今天就站在拉斯维加斯永利酒店的购物广场入口处——这里同样是由杠杆浇灌的梦想之家。

■亚当·斯密和边沁关于“杠杆”的争论
■乔治·奥威尔和杰夫·昆斯对“杠杆”的态度
■史蒂文斯先生和人生中的债务积压
■承诺的力量

第七章　转败为胜　... 163

破产不是通过简单的道德准则或者某些决策规则就能判断的。相反，破产是一个能够让人深切体会到相互竞争的责任的过程，就像美好生活一样。

- 差点成为财政部长的男人
- 1800 年破产法的诞生
- 美国航空公司破产案
- 阿伽门农、阿朱那、赫卡柏与破产

第八章　为什么大家都讨厌金融　... 187

我们生活中的故事其实一共也不过那么几个。其中有些故事，如我们所见，讲的是空洞的积累和无止境的欲望。而有些故事讲的是心，是努力工作。如何选择就看我们的智慧了。我推荐亚历山德拉·柏格森的故事。

- 帕霍姆的诱惑
- 多即是少
- 金融的浑蛋理论
- 金融英雄——亚历山德拉·柏格森

后　记　... 205
致　谢　... 209
注　记　... 213
注　释　... 215

自　序

本书不会帮你在股市赚更多钱，或是建议你多存钱；也不会建议你如何更好地分配自己的退休金。

本书希望通过打破金融与文学、历史、哲学、音乐、电影以及信仰的隔阂，探讨金融世界里的人性。

本书讲述了哲学家查尔斯·桑德斯·皮尔士和诗人华莱士·史蒂文斯有关风险和保险的洞见；本书讲述了《傲慢与偏见》中的伊丽莎白·班纳特与《菲尼斯·芬恩》中的维奥莱特·埃芬厄姆为何堪称风险管控大师；本书讨论了天资的寓言以及约翰·弥尔顿对价值创造和估值的见解；本书讨论了文艺复兴时期的佛罗伦萨与嫁妆相关的融资，还有电影《打工女郎》对于并购的理解；本书讨论了美国殖民时期最富有之人传奇般的陨落，讨论了希腊悲剧中有关破产与财务危机的真知灼见，讨论了杰夫·昆斯的事业，讨论了《长日留痕》中史蒂文斯先生对权力与杠杆危险的诠释。

简单来说，本书讲的是人性可以如何给金融的核心理念带来启迪，以及这些理念如何洞察人性。

另外，本书也讲述了以下内容：保险如何帮助我们更好地理解和面对世界的混乱；资本资产定价模型如何帮助我们理解人际关系的价值和无条件的爱的本质；价值创造如何能帮助我们过上更有意义的生活；破产如何能帮我们更好地面对失败；杠杆原理如何教会我们承诺的价值。

为了方便不熟悉金融但又对金融感到好奇的读者们理解，本书力图不借助任何公式或图表，只用故事来梳理金融的核心概念。我一直讶异于学生们对金融的恐惧，但这也是有原因的——有些金融从业者就想让别人望而却步。我通过故事阐述金融理念，是希望能给“吓人”的金融概念增添一份趣味，拉近它和我们的距离。无论是对牵涉其中的普通人，还是对渴望从事金融行业的人士而言，金融的重要性都是前所未有的，而且人们因为对金融的无知而付出的代价之大也是空前的。至少，当认识的人开始就期权、杠杆或者超额利润侃侃而谈时，你也不会不知所云。

本书也为金融专业的学生、金融从业者提供了看待金融的新视角。我班上的许多金融从业者，都是通过比较机械的方式开始学习金融的，于是对金融基本概念的理解就十分粗浅。说起更深层次的直觉判断，他们背的大堆公式就帮助甚微了，也很难将其用中心概念结构理论来解释。换一个新视角看很熟悉的东西，能很好地加深对它的理解。更重要的是，这能塑造你的思维，锻炼直觉。

对于在金融行业工作多年的读者，本书也带来了希望：今天你的工作一如既往地被诋毁，工作被打上如此消极的标签，人是很难找到人生意义所在的。但金融是有价值的，而且价值匪浅。重新将金融众多的价值与人性联系在一起，也许你就能理解，其实你们的工作，恰是你们所珍视的价值观的更深层次的延伸。罗伯特·弗罗斯特写过一首关于业余伐木工的诗《泥泞时节的两个流浪汉》，在诗的末尾，他就指出，人们认识到自己的工作与生活是不可分割的这一事实多么重要。

我活着的目的只不过是想结合
兴趣和职业，这就像我的两只
眼睛注视，共同构成一个视域。
只有将喜好和需求完美地结合，
使工作成为凡人的游戏和赌注，
这样一个人才真能干出点名堂，
权当是冲着天堂和遥远的未来。

本书最大的愿望，是通过再次发掘金融的核心概念与人性的联系，提高金融行业的效率。将金融行业妖魔化于事无补，而监管虽有帮助——将金融行业从榨取财富向创造财富转变——却帮助甚微。也许我们可以通过诠释生活与工作的故事，让金融的概念更为有趣，还我们一个更高尚的金融。

引言　金融和美好生活

“华尔街与大街”[①]的比喻风靡大街小巷，反映出的是大家对金融的一个普遍观点，那就是金融汲取的价值比其创造的要多。同时，“金融是多么重要”这个意识也逐渐深入人心。从退休金到买房、教育投资，生活无处不金融。人们对金融既怀疑又好奇，再加上金融本身的神秘，更让人们对它又爱又恨。

这就给金融从业者带来了很多麻烦。他们必须解释清楚自己的工作及其合理性，才能重新赢得人们的信任。他们需要证明金融活动实际上是能创造价值的。对个人来说，在这样一个被打上了消极标签的行业工作，也会给生活带来消极

---

① “Wall Street vs. Main Street”。其中 Wall Street 是指纽约金融区的华尔街，也指美国富人阶层及其生活。而 Main Street 是指小城镇的主街，也指平民阶层及其生活。——编者注

影响。因为人们对金融业不抱希望，从而导致金融从业者自己也对金融业不抱什么希望，进而形成了恶性循环。

我们如何才能让每个人都接受金融这个概念呢？我们该如何让金融重拾道德观念，从而让金融行业有所改善呢？

本书想另辟蹊径，透过人性看金融，让人性回归金融。金融要解决的问题和它所使用的工具、原理，放在我们日常生活的故事里最容易理解。在这里，我们不再只用规则和愤怒解决金融问题，而是回到金融的核心概念和金融的初衷，这样才能确定金融是在创造价值，而非单纯地索取。通过将这些核心概念融入文学、历史、哲学，我们希望人们与金融产生共鸣，让金融远离腐败。

将金融与故事联系起来缘于一个偶然的发现。2015 年春，我再次陷入一个以前经常陷入的窘境——在最后一刻想尽办法兑现承诺。我答应了给哈佛商学院的工商管理硕士毕业班上“最后一课”。所谓的“最后一课”，其实是一个传统，教授为毕业之际的学生送上几句人生哲理。这个传统是为了让大学回到过去那个更纯真的时代。这一刻，我们都回归了大学最本真的概念，课上不再仅仅是专业化知识的传播，正如一百五十多年前约翰 · 亨利 · 纽曼所说：“任何知识的大体概念都可以在家从书本上学到；但个中细节、色彩、声调、气味和它栩栩如生的活力，这些只能让过来人言传身教。”

我一开始拖延了一段时间，本来打算躲回熟悉的领域，于是我将讲座的主题定为近期美国企业的金融发展，题目就叫“慢镜头下美国的杠杆收购”，主要讲述我们应该如何理解并扭转近期的股份回购风潮。我的论点很明确，它会很有煽动性，而且为了让我自我感觉更加良好，我还对自己说，我讲的内容比其他满是空话的“最后一课”干货更多。

在我定下题目之后，我见了一位好朋友兼同事。去年，我们俩还就如何通过逼迫自己面对新挑战来提高自己进行过一系列辩论。在我将自己的决定告诉他后，他沉默了。我体会良久，才理解他无声的质问：“真的吗？你认为这是他们毕业之际所需要的人生箴言？你认为你需要这个吗？”

他的沉默让我意识到，若果真如此，我才真的是错失了良机。他的友谊给了我力量，让我鼓起勇气思考对我来说什么才是新挑战，那就是让社会科学家放弃数据和熟悉的经济学模型。于是我决定放弃熟悉的主题，转而选择谈一谈美好的人生。但是我不过是个普通的中年人，我对生活的美好又有多少了解？

很久以来我一直有一个困扰，那就是人们普遍认为市场经济，尤其是金融行业，是一个冷酷的领域，只有避而远之，才有可能得到幸福生活。人们已经对诋毁金融习以为常，先入为主地认为金融对世界贡献的价值少之又少，更别说其背后有什么智慧可言。金融业高层笨拙地将金融比作“神旨”

更是帮了倒忙，加深了人们心中金融并无智慧的印象。

但这种对金融、对市场的抵触从根本上来讲就是有问题的。首先，拒绝承认金融与市场是智慧的源泉，对解决这个问题就毫无助益。许多高学历人才从事着与市场经济息息相关的工作，大部分时间都花在了金融事务上。我们说金融没有价值，就是在鼓励金融从业者从事毫无是非观，把个人的、道德的自我和工作隔离开来的工作。这是难以持久的。你能一辈子从事没有智慧、准则和价值观的工作，还希望过上美好的生活吗？

先不说这种想法有多么不切实际，它从根本上就是错误的。我的许多朋友和学生都很爱金融、市场、商业等，他们认为这些事物是对生命的肯定。然而在他们的理解中，金融确实绝非神旨，在金融工作中，他们也没有感受到真正的乐趣。难道冷酷而缺乏道德价值的东西，真的能给人带来乐趣和专业领域的成就感吗？如果这种普遍的认知无用且错误，与之相反的观点又该是怎样的呢？

意料之中，我选择的新题目就是“生活中的金融学”，但其实我自己都不敢说理解它的意义。接下来的数周里，我惊讶地发现，将金融与生活联系起来并没有我想象中那么难。讲座结束后，作为工商管理硕士的学子们，反应之热烈完全出乎我的意料，大家都迫不及待地想了解更多——那些不再那么高高在上，而是真正从日常生活和工作中萃取而来的金融智慧。职业中期的管理者尤其喜欢这个观点，他们对现实生活中的诸多挑战有更深入的理解。而且之前也有过这种情况：我在兑现承诺的过程中，意外地得到了远远大于投入的回报。

作为将金融核心理念与如何使生活更有意义结合起来的手段，讲座已经算是很成功了，但这和写书完全是两回事。金融与生活的联系，给能欣赏商业的人群讲一个小时不是问题。但足够我写出一本书，传达给形形色色的人吗？是讲座还是出书？

在为这些问题感到困扰时，我突然想起，我见过的最精准的对金融的定义并非来自教科书，也不是来自美国全国广播公司财经频道的特别报道，而是出自一位塞法迪犹太人于1688年在阿姆斯特丹用西班牙语讲的一则寓言故事。在《困惑之惑》（*Confusion De Confusiones*）中，约瑟夫·德·拉·维加生动地描述了让当时众多目击者着迷的初期市场经济。当时动荡的市场只有一家公司的股票，那就是荷兰东印度公司，其势力与影响力放在今天，应该堪比谷歌、阿里巴巴和通用电气的合体。

德·拉·维加的一些理念看上去有些老旧，比如他写到，荷兰东印度公司的红利发放“有时是以香料的形式……完全由董事随心而定”。但故事的其他部分也出人意料地有现实意义，比如，他为过低利率如何催发泡沫经济、破产企业该如何重组等提出了一种解释。

他并没有枯燥地描述这些市场的本质，而是用讲故事的形式——故事的主体是一个商人、一个哲学家和一个股东的对话。商人和哲学家分别代表了实干家与思想家，因为不懂金融市场的运行原理，于是一同向股东请教。

当哲学家说自己对金融市场知之甚少时，股东对金融的描述让我最为欣赏："我必须得说，亲爱的老先生，如果您对这神秘莫测的欧洲最公平、最狡诈的事，这世界上最高尚、最声名狼藉之物，这世界上最精致、最粗俗的商业一无所知，那么您实在是位无知的人。因为它是学术的精华，是欺诈的典范，是智慧者的试金石，是鲁莽者的墓碑，是最有用的宝藏，是灾难之源，像西西弗斯一样永不得闲，也是被捆绑在永不停止之轮上的伊克西翁。"

通过一个简单的小故事，德·拉·维加就展现了金融的至善和至恶——正是这个故事，让我看到了其他故事中的金融。我一直喜欢故事，但身为经济学家让我不再相信故事，而现在我要再来看看它们了。

很快，我就开始在文学、哲学、历史，甚至流行文化中寻找金融的影子。一旦看出了个中相似之处，我就一发而不可收。我开始理解金融为何与这些领域联系甚深。许多人不信任市场，尤其是金融市场，因为他们认为市场、金融都站在人性的对立面。但事实也许恰恰相反。金融，其实和人性息息相关。

从另一个视角举个例子。哲学家弗里德里希·尼采认为，所谓责任与义务，根植于“世界上最古老的人际关系，即买家与卖家的关系，债权人与债务人的关系。这是史上第一次人与人之间出现了高下之分，在这个例子里，个人第一次开始以其他人作为衡量自己的标尺。至今，还没有哪个文明尚未发现这种关系。设定价格，衡量价值，确立等价物进行交换——这一切在人类形成的早期思维中占据了很大的空间，甚至这个过程就是思维本身。这就是所谓精明的最早起源：……人类形容自己是一种会评判价值的生物，一种会定价、会衡量的生物，人类‘天生就要算计’”。

摆脱了将金融、市场经济与人性对立起来的传统观念后，我决定写一本书，将二者联系起来。我希望用这种联系来纠正金融，让它更易于被人们所了解。

后面的章节可以以任意顺序阅读，但我对全书的结构安排是有深意的。希望读者仅仅通过读几个故事，就能不知不觉地上一堂金融课，并体察金融的直觉。

虽然很多人都喜欢将金融学类比为物理学，但更贴切的类比其实是生物学。就像分子生物学，金融也有一个分支专门研究生活大厦最重要的一块砖，这个分支就是“资产定价”。金融的另一个分支叫作“公司金融”，类似于社会生物学，主要研究我们所观察的世界中偶然的、混乱的部分。本书就遵循将金融大致分为这两部分的理念。

前三章主要讨论资产定价的最基本问题——人们该如何面对生活中普遍存在的风险？构思本书让我意识到了保险对于金融的重要性，也意识到了保险对我的世界观的重大影响，所以第一章主要通过弗朗西斯·高尔顿的高尔顿钉板、作家达希尔·哈米特、哲学家查尔斯·桑德斯·皮尔士，还有诗人华莱士·史蒂文斯，讲述风险与保险的基本常识。

第二章将保险的逻辑推展到两大关键的风险管控策略——期权与分散投资，与应对不确定性的策略有异曲同工之妙。本章主要借简·奥斯汀、安东尼·特罗洛普和古希腊哲学家泰勒斯的作品来分析金融。有了风险与保险的基础，第三章我们将分析风险与回报的关系，以及这种关系是如何决定价值创造的条件的。约翰·弥尔顿、塞缪尔·约翰逊以及天资的寓言将成为我们的向导。

金融的“资产定价”分支旨在通过考虑资产带来的风险，以及承担这些风险所获得的回报来评估资产的价值。很多人不相信市场经济是确立真正价值的机制。本书的第一部分，围绕价值的问题——价值从何而来，我们应当如何衡量它——从多个角度将金融和人性联系起来。

资产定价为风险和价值提供了很有力的观点，但这是以忽略了生活中的混乱因素为代价的。事实上，资产定价的起源就是那个讲述了一个小岛上生活着一群人的故事，岛上的人各自拥有不同的果树，只能拿自己树上的水果与他人进行交换。资产定价只考虑了所有者与孤立的资产之间的关系，因此去掉了大量的复杂性，比如企业，复杂的人际关系和资源、信息不对等。这些混乱恰是我们每天生活中都要遇到的，而这就是公司金融的内容。

再接下来的四章讨论的就是这些混乱的因素。第四章讨论了投资人与其拥有的潜在的经营性资产之间的关系，以及由同样怀有其个人动机的第三方来参与将出现何种结果。由此凸显出的委托人（股东）与代理人（管理者）之间的关系，正是公司治理的问题，甚至恐怕是现代资本主义最核心的矛盾所在。如梅尔·布鲁克斯《金牌制作人》和爱德华·摩根·福斯特在长篇小说《看得见风景的房间》中所展示的，委托代理问题也是我们在生活中有意或无意地代表他人利益时十分好用的基本模型。

既然已经介绍了公司的概念，我们就可以考虑一下，公司应该在何时以何种方式进行组合，也就是所谓的“合并”。在第五章里，我们将比较其与恋爱的异同，通过探讨文艺复兴时期的佛罗伦萨和罗斯柴尔德家族的兴起，以及美国在线与时代华纳的并购失败案，阐述爱情与金融千丝万缕的联系。

接下来的两章通过探讨负债的概念，以及过度负债的后果——破产，综合讨论了资产定价的风险以及混乱、复杂的公司金融。艺术家杰夫·昆斯和威廉·莎士比亚的《威尼斯商人》让我们得以从一个更个人化的角度理解借款的承诺。而石黑一雄的《长日留痕》、美国殖民时期最富有之人传说般的陨落，以及对美国航空公司破产的案例分析，让我们了解了过度借贷的风险和义务冲突的益处。

最后一章希望能综合全书，给全书各章所提出的高尚的金融概念与当下金融的相悖之处赋予一点合理性。作家列夫·托尔斯泰以及西奥多·德莱塞在其作品中阐述了人们眼中典型的金融；而薇拉·凯瑟在其作品中提出了人们应该如何做到与全书各章所提到的合理的金融概念相符的行为。之后全书以一个简短的后记和详细的参考书目（包括深入阅读的建议书目）作为结束。

本书带领大家略观了金融的两大分支——分子生物学（资产定价）与社会生物学（公司金融），希望通过这场剖析金融之旅，还大家一个有血有肉、有生命的金融，让大家更好地掌控生活中的风险和回报。

The WISDOM of FINANCE

第一章

命运之轮

在《马耳他之鹰》里，作者达希尔·哈米特在紧张的情节中插入了一个有趣的小故事。据评论家史蒂芬·马库斯说，弗利特克拉夫特的故事，是“全书最重要的一刻……也是哈米特所有作品中最重要的一刻”。不知为何，约翰·休斯敦却在他执导的、由亨弗莱·鲍嘉饰演青年版侦探萨姆·斯佩德的经典黑白电影中略去了这个小故事。

斯佩德，硬汉侦探的化身，在和贵妇人布里奇·欧肖内西谈话。她从他的客户迅速变成了他的情人，紧接着又成了头号嫌疑人。没有任何铺垫，斯佩德突然就开始讲华盛顿州塔科马市的一个成功的房地产经理的故事。他叫弗利特克拉夫特，可以说，他拥有“美国成功人士能拥有的一切”。他有一辆新帕卡德汽车、两个孩子、一个妻子、一个完美的家，以及蒸蒸日上的事业。弗利特克拉夫特没有任何秘密嗜好或者隐藏的恶念。可以说，他有一个完美的生活，而且也会永远幸福下去。但是有一天午饭后，他突然消失得无影无踪，“就像握紧的拳头张开，只剩下空空如也”。没有一点解释，没有任何感情或经济方面的动机。

五年后，有人在附近的斯波坎市联系了弗利特克拉夫特的妻子，说在斯波坎市见到了她的丈夫。于是她请斯佩德去调查，斯佩德也发现了弗利特克拉夫特，现在的弗利特克拉夫特是个十分成功的汽车经销商，有了新家、新的家人和新名字——查尔斯・皮尔士。弗利特克拉夫特/皮尔士毫无懊悔的情绪，他只是简单地告诉斯佩德，他之前的家人得到了足够的钱。尽管如此，弗利特克拉夫特/皮尔士还是很想给斯佩德一个详细的解释，一个他从来没有跟别人讲过的原因。

弗利特克拉夫特解释说，他失踪那天，本来正在去吃午饭的路上，旁边工地的一根钢梁从八楼坠落，与他擦身而过，落在了人行道上。他脸上直到现在还有被人行道上溅起的水泥碎片擦伤的伤疤。弗利特克拉夫特震惊了，他“觉得有人打开了生活的盖子，让他看了一眼生活的原样”。

弗利特克拉夫特的生活本来是“干净、有序、理智、负责”的，而现在，“坠落的钢梁让他意识到生活根本不是如此”。我们活着只是因为“概率”没有砸中我们。最初的震惊之后，他开始烦恼，因为他“发现他虽然合理安排了琐事，自己却乱了步调，和生活的步调也不一致了”。午饭后他立即决定“应该调整自己接受生活的新发现”。他总结道：“生活随时都有可能被随机出现的钢梁结束，他也只需要离开，就可以随机改变自己的生活。”之后，他直接坐船去了旧金山，四处奔波了几年。

斯佩德在故事的结尾总结说，弗利特克拉夫特 / 皮尔士最终“回到了西北，定居在斯波坎市并再次结婚”，并有了孩子。知道了这些的时候，他的第一任妻子“不再想和他复合，所以最终他们低调离婚，一切都回到了正轨”。弗利特克拉夫特 / 皮尔士完全没有任何愧疚，因为他认为自己的行为很理智。

之后斯佩德用他最喜欢的句子结束了故事：“我想他自己都没有发现，他很自然地回到了他所离开的塔科马市生活。但这正是我一直都喜欢的地方。他让自己适应了有钢梁坠落的生活，但之后没有钢梁继续坠落，他就又适应了没有钢梁坠落的生活。”

读着这个故事，我的脑海里就浮现出了两幅画面。第一幅是传声头像乐队里的灵魂人物大卫·拜恩，挥舞着他的双臂，质疑他平庸而土气的生活。就像所有人生命中都会有质问自己的一刻，他质问自己：“我怎么走到了这一步？”是弗利特克拉夫特经历的所谓“一生一次”的经历，让他开始质问自己。第二幅图是格温妮斯·帕特洛饰演的海伦·奎勒，她在《双面情人》中追赶去往伦敦的火车。很快，人生的两种可能同时出现在她面前，只因为那一道关上的地铁门。说到底，弗利特克拉夫特和奎勒的人生，都是在偶然之间决定的。

弗利特克拉夫特的故事给了我至少两个启迪。第一个就是，偶然性在我们的生活中起着至关重要的作用。弗利特克拉夫特意识到生活从根本上讲是不确定的，这是我们都必须要理解的最基本的现实。第二个就比较微妙了——那个故事里斯佩德最喜欢的部分，就是弗利特克拉夫特虽然努力想把生活的方向交给偶然来决定，却还是回到了之前的生活轨迹。也就是说，偶然固然重要，但我们还是逃不出自己的生活模式。就像拜恩一遍遍唱着“一生一次”，但一切却依旧“一如既往”。

像所有绝妙的侦探故事一样，达希尔·哈米特故事中的关键线索，也隐藏在读者眼皮底下。哈米特选择的两个名字——弗利特克拉夫特和查尔斯·皮尔士，本身都蕴含着深意，更是将这个故事和金融联系在了一起。因为金融的核心，正是理解生活中的风险与偶然，并且让模式的强大影响为我们所用。“弗利特克拉夫特”这个名字现在几乎已经没人在用了。但是哈米特是曾就职于保险公司的平克顿私家探员，他显然知道其中意味。弗利特克拉夫特出版了当时人寿保险业的保险统计分析的“圣经”。弗利特克拉夫特是位分析学大师，他出版过多卷系列丛书，帮刚刚起步的保险业确立了潜在客户生存和死亡概率的计算方式。

而选择查尔斯·皮尔士作为他的第二个名字，也是哈米特在向一位已被人遗忘的传奇人物致敬。查尔斯·桑德斯·皮尔士（他还故意做了微调，将 Peirce 改为 Pierce），是哲学流派“实用主义”的创始人，同时还是一位数学家兼逻辑学家，是 20 世纪数学领域多项重大发现的先驱者。他还是符号学的创始人，为现代文学理论打下了坚实基础。此外，他还是现代统计学创始人之一，随机试验也是他创造的。

简单来说，这位集“科学家—数学家—哲学家”于一身的伟大人物，是位典型的文艺复兴式人物——英国哲学家伯特兰·罗素称他为“美国最伟大的思想家”；而哲学家卡尔·波普则认为他是“史上最伟大的哲学家”；小说家沃克·珀西更是认为他的贡献甚至超越了达尔文和弗洛伊德，因为他“为人类科学的统一打下了坚实基础”。在他面前，杰斐逊、爱默生、詹姆斯、尼布尔或者杜威都不值一提——他才是大师中的大师。

对皮尔士来说，一切都离不开保险。他的一生就是在不断地回归保险。1869 年，他曾说“每个人都是一家保险公司”。为什么这样一位博学的大思想家，却始终无法割舍一个在常人眼里平庸而无趣的东西——保险呢？因为保险其实并不平庸，而且也不无趣。对皮尔士来说，它甚至是理解生命的核心。

他对保险的钟爱，在他生命最后发生的一连串有意思的转变中尤为明显。皮尔士因为不符合世俗眼光的艳遇而一直为学术界所冷落。学术界多种声音对他诽谤不断，甚至包括当时的哈佛校长查尔斯·威廉·艾略特。皮尔士失去了任教资格，也就失去了经济来源，晚景凄凉。他的朋友——哲学家威廉·詹姆斯为了给他找些经济来源，不断建议皮尔士办一个实用主义的系列讲座。哈佛理事会终于决定原谅他为人所不齿的品行，并于 1903 年邀请皮尔士做了六次讲座。

哈佛大张旗鼓地公布了皮尔士的讲座。然而让詹姆斯和同事们目瞪口呆的是，第一节课上皮尔士开始大谈特谈概率和保险公司。让听众困惑的是，皮尔士用微积分算出了确保保险公司盈利的定价政策的保费条件。当时，微积分恐怕从未应用于金融领域，更别说是哲学领域了。

从来都不喜欢数学的詹姆斯被他的观点吓了一跳，他认为皮尔士疯了。他在给朋友的信里写道，皮尔士已经“成了毫无逻辑的怪物”，成了一个“不入流的，甚至可以说是利欲熏心的老家伙”。皮尔士并没有利用这个机会去获得学术界的认可，以此保障自己的经济来源，他的讲座让他与主流学术界渐行渐远。一直到 1913 年去世，皮尔士都生活在困苦中，为学术界所摒弃。

皮尔士到底在保险中看到了什么？理解保险对理解人类社会到底为什么重要，又重要在哪里呢？为什么哈米特故意选用了弗利特克拉夫特和查尔斯·皮尔士这两个名字来阐述保险？要弄清楚这些问题，首先要理解风险的本质和概率的概念。

我执教二十年来，教授过多门课程，微观经济学、金融学、税法、国际金融，还有创业学。虽然每门课都有十分危险的教学内容，但我好歹都应付下来了，其中我觉得最难的，就是概率学。我最严重的两次失误，都是在我试图推进大家对概率学的认知时犯下的。第一个案例中，我提出了一个简单问题——我有两个女儿的概率有多大，希望能以这个问题给学生们建立概率的概念。很快这个问题就引起了一场针对各个国家中男性比例大于女性的经验性规律的讨论，还讨论了这种现象并非完全由于某些文化中重男轻女的一些可怕现象导致。讨论进行了二十分钟，我们已经讨论了性别比率、选择性流产、杀婴罪——概率的知识倒是没怎么学。

我的第二个失败尝试，就是想为学生引入“蒙提霍尔问题”。在蒙提霍尔问题中，你就是游戏竞赛节目《一锤定音》中的参赛者，有三道幕布供你选择。其中一道后面是丰厚的奖品，另外两道后面都是安慰奖。当你选择一道幕布后，节目主持人，也就是蒙提·霍尔，就会告知你剩下的两道幕布后哪一个是安慰奖。他会问你要不要重新选择。所以，应该放弃你原先的选择，换成没有选中的幕布之一吗？与其说这个讨论让人更明白，不如说它让人更困惑了（而且是的，绝对应该换，不骗你）。最后转而开始讨论，人应该如何减少生命中的遗憾与后悔，想做就做——把握现在！我的金融课堂都快变成“死亡诗社”了。

如果你也曾为概率论方面的认识而烦恼，那这下你可以放心了。纵观人类历史，简单的概率直觉从来都难以捉摸。统计学者们一直在研究，为什么人类用了千年才得到现代的认知，也就是偶然不可避免、无处不在，但又可以理解，能对其进行严格分析这个结论。哲学家伊恩·哈金说，阐明了这个惊人发现的，恰是弗利特克拉夫特的另一个身份——查尔斯·皮尔士。而这个惊人的发现，也正是保险乃至现代金融学的基石。说到底，金融学就是一组工具，帮助人们更好地面对这个充满风险和不确定性的世界。

难以捉摸的概率，是千年来自发明起就根深蒂固于赌博中的未解之谜——没有任何事物比赌博与偶然和规律的联系更紧密。所以，既然赌博的历史如此源远流长，为什么概率论没有早点被发现？拿现代的一种变相赌博——竞赛节目的“幸运大轮盘”来讲，本质上，它其实就是猜单词游戏，只是多了一个步骤，用轮盘来改变猜对下一个字母获得的奖品。假设你知道答案是“把握现在”（Carpe diem），本轮已经赢得了1000美元，现在你需要做出决定，要不要再转一次，看你能不能转到字母C。要这么做吗？你已经知道了最终答案，但你需要权衡，旋转轮盘得到的是“失去一轮机会”或者“破产”，而不是拿到钱的概率有多大。要回答这个问题，就要考虑落在这些答案上的可能性。你必须用概率论的思维来思考。

没错，两大经典概率问题都来自赌博，而且存在了几个世纪才最终得到解决。第一个是经典得分问题。两位选手等额投注，并将以掷硬币分胜负。他们决定，一人选正面，一人选背面，谁选的那一面出现了四次，谁就获胜。掷过三次硬币后，出现了两次正面，一次背面，这时游戏被打断，他们必须现在分奖金。应该怎么分？显然，选择了正面的人应该多分一些，但是应该多分多少呢？

另一个经典的赌博问题是鞅问题。所谓鞅问题，就是一个赌徒在赌场，押 10 美元，赌掷硬币的结果为正面，庄家则赌背面。赢钱的策略十分简单——不管掷出多少次背面，每次出现背面，赌徒都加倍赌注，继续押正面。最终某一次押中正面之后，他的获利至少能超过他的本钱，也就是 10 美元的净利润。所以显然，这就是必胜策略，理论上所有人都应该用。那么为什么事实并非如此？如果是你，你会这么做吗？在鞅问题中，赌徒必须一直赌下去直到获胜——眼界或资金不够，那就有可能输得很惨。

几个世纪以来，赌徒们面临着很多类似的问题，却总是没法用清晰的逻辑来仔细思考，为什么？部分原因在于，在更简便的数制发明前，在有些先进的文明，比如希腊文明中，没有工具来透彻地分析这些问题。

但更深层次的问题在于，早在电视节目主持人梅夫·格里芬发明这个寿命最长且风靡世界的游戏竞赛节目前，最原始的幸运大轮盘就已经占据了人类的思维。原始的幸运大轮盘取自古罗马女神福尔图娜（Fortuna，意为幸运），而不是《幸运之轮》[①] 的“字母小姐”兼长达三十年的主持人之一瓦娜·怀特，而且福尔图娜转的是轮盘，而不只是字母。福尔图娜旋转的命运之轮，将决定人类面临的是财富还是困苦。命运之轮的概念贯穿了整个古代和中世纪文明，在这个概念中就隐含着偶然结果并非人力所控制，而是神旨。这一点在乔叟与但丁的作品中尤为明显——作为各种人物悲惨命运的来由。如果偶然结果是由神力控制的，人又如何能凭借逻辑逃脱掌控？

基督教的广泛传播更是巩固了这种神力作用的观念，并且宣称这种神力不是人类所能理解的。随着文艺复兴带来的席卷全球的商贸运动，理性主义兴起，人们开始渴望理解风险承担的含义。更好地理解风险就意味着高回报，而且人们对理性认知世界树立的信心，更是给了人们解决这些问题的动力。从前由神力左右的结果，终于臣服于分析。

概率学的重大突破，是两位数学界先驱——布莱士·帕斯卡和皮埃尔·德·费马在关于这个问题的一系列书信中完

① 美国的答题游戏节目。——编者注

成的。1654年，他们创造出了理解这些问题的工具，通过计算所有可能结果，终于给出了游戏被打断时的期望所得。这个结论引发了对概率思维长达两个半世纪的如火如荼的研究与发展。

值得一提的是，概率学的基础发展导致人类在对偶然的理解上矫枉过正。一直以来的由神力支配的宿命论，现在成了一种新宿命论，也就是所谓的“自然法则”。统计学站稳脚跟之后，人们发现了越来越多的服从正态分布钟形曲线的现象。这仅仅意味着对所有现象——比如人类身高和能力等——的观察都是符合这种正态分布钟形曲线的。所谓正态分布，就是说观察集群大多分布在平均值附近，距离平均值越远，出现的概率也越小。

这一系列的伟大发现，尤其体现在弗朗西斯·高尔顿提出的一个概念——高尔顿钉板里。如果你去过日本，想象一个简化了的日式弹球盘游戏机。弹球盘游戏里，小球在障碍物组成的迷宫里弹来弹去，最后会触发奖励。听起来很无聊，但是很容易上瘾。

高尔顿钉板，就是使许多小球从一个垂直的木板的顶端落下，木板上均匀地镶嵌着木钉，四周以木板为边界。木板下端用短木板分隔出了多段木栏，可以让小球落入。有人会以为，小球会随意落入隔栏，最终的结果应该是均匀分布——毕竟，小球在落下的过程中是会随机触碰到均匀分布的木钉的。

但就像许多其他完全随机的事件结果一样，高尔顿钉板的结果总是呈现完美的正态分布钟形曲线，大多小球都落在了中间的隔栏里。这个规则太常见，各种有趣的事件中都有它的影子，以至于人们深信，所谓的偶然，其实也是服从自然的铁律的。

皮埃尔–西蒙·拉普拉斯，那个时代里统计学和概率学的先驱，是被这个讽刺的现象所困惑的典型代表：发现了用来研究随机性工具的人，却相信了决定论。之后，拉普拉斯开始了一部概率学巨著的创作，他主张“所有事件，甚至那些太不起眼，以至于似乎不遵从自然法则的事件，其实都是某种必然结果，就像‘日心说’一样不容置疑”。法则无处不在，而且决定世界万物的是法则，而不是偶然。

高尔顿，统计学的又一先驱，高尔顿钉板的创始人，对钟形曲线顶礼膜拜。对高尔顿来说，没有什么比这曲线体现出的“伟大的宇宙秩序”更迷人了，如果希腊人当时发现了它，肯定会将它奉为神旨。他充满爱意地描述了这条曲线，同时总结道，“它统治万物，却无影无形，将自己隐藏在全无秩序的混乱中……它就是混沌的至上法则”。神旨被自然法则替代。偶然只是人类创造出来的概念，那是因为我们还没有发现真理——一旦真正认知了自然法则，一切都将有理可循。

虽然人们把“正态”分布的命名归功于皮尔士，但他却反对这种逻辑。别人都认为有了自然法则，偶然就不复存在，但皮尔士认为，“每一条‘理’中都存在着偶然……偶然是绝对的……是所有思维认识中最明显的事”。

皮尔士能够同时持有两个看似矛盾的观点——偶然和随机性无处不在（第一种宿命论的观点，比如弗利特克拉夫特），同时他也相信模式存在是因为总体规律的作用（第二种宿命论的观点，将弗利特克拉夫特想为皮尔士）。宇宙充满偶然，从本质上讲就是随机的（结果的出现是随机的），但是，模式能帮助我们掌控世界。

高尔顿当然是绝顶聪明的，但他对法则的崇拜让他走上了歧途。他成了优生学的创始人，优生学的追随者相信，人类的基因质量是可以人为提高的，其中一种方式就是强制性消灭不够格的人群。这个观点曾一度盛行，以至于美国最高法院也曾在巴克诉贝尔案（1927 年）中支持了该观点。该案中，大法官奥利弗·温德尔·霍姆斯在总结陈词中说道：“低能儿延续三代就该到头了。”高尔顿的理想是创造“秩序”，消除一切偶然和人类中所谓的“劣等”。我们都清楚，这个观念在 20 世纪带来了多么可怕的灾难。

相反，皮尔士接受了偶然和随机的存在，而这让他发现了——保险！没错，皮尔士对世界的理解就是：随机无处不在，但是整体上看来是可预测的，这就是保险的定义，也就是现代金融的基石。金融的理想，就是提供了一个用来掌控这个充满不确定性的世界的工具。风险随处可见，这无可否认，我们不该否认，也不该投降，而是应该掌控它。而保险，就是我们掌控生活中大小风险的最基本方式。

我的很多学生都涌向金融业，但往往是出于错误的原因。他们眼中的金融，就是投资人、银行家——他们不是想进投资银行，就是其他投资机构，比如对冲基金或者私募股权基金。所以，当我的一个学生走进我的办公室，告诉我他想走一条少有人选择的路——实体经济中公司内部的金融，甚至更好，去保险业——我是又惊又喜。

现在进入保险业实属孤注一掷，因为现在大多数人眼中的保险业务员的形象就是：无聊、呆板，甚至有些邪恶。因为他们的利润都来自他人生命中的悲痛。其实保险由来并非如此——保险业务员曾经也是英雄，比如弗莱德·麦克莫瑞和爱德华·G. 罗宾逊在伟大的悲剧电影《双倍赔偿》中饰演的角色。但现在，有的只是《偷天情缘》中不会长久的、让人恼火的奈德·瑞尔森，推销着趸缴保费的终身寿险。

有时候，我的学生们也会因为知道了当今最受人崇敬的资本家沃伦·巴菲特就是从保险起家而被感动。巴菲特通过保险业赚取资金，投入手下的一个纺织公司，将这家公司成功转型为投资机构。这当然也得归功于他高超的投资技巧，也就是通过保险公司筹得廉价资金。他能理解保险的乐趣所在。还有一位，就是殖民时期创立了第一家火灾保险公司的美国模范——本·富兰克林。所以，你究竟是因为什么对保险不屑一顾呢？

和大多数金融创新一样，保险也是因为旅行风险诞生的，尤其是海上旅行。航海的资金通常是先贷后还，但如果货物未能运达，责任是要由商人，或者说由借款人个人承担的（如同成为奴隶），而航行的风险又是不可避免的。所以，贷款会以船舶抵押合同的形式捆绑上保险。船舶抵押合同还是普通贷款，但如果货物被盗，或者因为风暴受损，借款人不需要赔偿损失。反过来，贷方能得到更高的利率作为补偿。这样，因风暴或海盗而损失货物的风险就被共同承担并定价了。那些能更好地承担这些风险的人（如果你知道意外的风暴会让你成为奴隶，你还会去冒这个险吗？），也就是金融家，则向商人收费。

商业运输的另一大风险，就是因搁浅而面临是否抛弃货物来脱险的抉择。所谓“投弃法则”，是公元前1000年左右产生的，也叫作“罗德海法”，由罗德岛而得名，直到今天还在沿用，它就是现在的“共同海损分摊原则”的前身。这条原则的精神来自《查士丁尼法典》中相关法的定义：“罗德海法规定，船只为减轻负载之用而抛弃的货物，是为船上所有货物的牺牲，因此应由船上所有货物共同补偿。”如果船长为了保护其他货物而抛弃了部分货物，被抛弃的货物所有者理应由其他未被抛弃货物的所有者补偿。就是今天，货船也有共同海损，并在约克－安特卫普规则下，由未被抛弃货物的所有者补偿被抛弃货物的所有者。

设定共同海损，是一种风险分担的行为，而这正是保险的精华所在。保险通过分担风险将人们捆绑在一起：我们是一条船上的人。共同海损的风险分担是海事法的强制性要求，并非自愿的保险合同。那么，保险什么时候，如何具有了现在这种来自个人、完全自愿的性质呢?

对于古罗马人来说，他们面临的最大风险就是来世充满不幸。而唯一能避免这种情况的，就是办一场风光的葬礼。但他们怎么保证会有人给他们办葬礼呢?买保险!古罗马葬礼协会就是自愿组成的协会，加入者尤其以老兵居多。葬礼费用的出资就由拥有共同信仰、相似社会地位的人群来共同分担，这样大家就能确保自己死后有场像样的葬礼，也就是，灵魂得以救赎。

事实上，“担保”（assurance）这个词（上一段里我偷偷把它的变体用了两次）将保险和救赎连在了一起，就像在不同领域里，这两样都可以由这一个词概括。它既是保险的同义词，也是基督教教义中所谓的救赎之路。救赎是终极的保险赔付，这个概念，是另一个概率学谜题的原理。布莱士·帕斯卡，概率学先驱者，完美检验了所谓的“帕斯卡赌注”，证明虽然神存在的概率甚微，但信仰上帝还是值得的。实际上，帕斯卡问道：“冒着永世在地狱受罚的风险而不信上帝，真的值得吗？”

古罗马的丧葬团体就是掌控保险业直到上世纪之交的社会组织中的典范——一个为其成员提供保险的兄弟会式的自发组织。想想秘密共济会会员独立会（Independent Order of Odd Fellows，IOOF）——是的，奇怪的人（Odd Fellows）。他们的名字很可能就来自他们的成员经营的“奇怪”贸易。上一个世纪之交，这个兄弟会在北美拥有会员人数超过两百万，拥有一万六千多处房产，还是伤残保险的主要供应商，补偿了工业时代因日渐危险的工作环境导致的工人收入损失。

风险分担是人类的本能，因为一些高风险不是大多数人所能独自承受的，比如，如果我的收入不能养家，我的家人应该靠什么过活？保险的重要性从保险所代替的行业也能看得到。许多学者都将巫术的减少归功于保险业的兴起。历史学家艾伦·麦克法兰称，“对女巫的惩罚不只是为惩罚其过去的罪行……它是摒弃巫术的先决条件，是预防未来发生灾难的保险手段”。历史学家欧文·戴维斯则表示，随着保险的兴起，“不仅降低了不幸的范围和影响，而且人们也开始将这些不幸的发生归罪于这些社会福利机制的失效”。如果另一种办法是让你的邻居在被指认为女巫后溺死，那么因为索赔被拒绝而抱怨保险公司也就算不上什么大罪过了。

如果保险能满足人类基本的需求，并且可以由多人共同分担风险，我们还是要解决最重要的问题——人们该为此支付多少钱？丧葬团体或者独立共济会的会费应该收多少？其实这个问题才是最复杂的，也就是需要高尔顿钉板和正态分布帮忙的地方。虽然我们不能预测个人可能出现的状况，因为世界具有随机性，但我们可以预测整体可能出现的状况。事实上，这正是保险公司存在的基础。根据历史经验计算出总体平均值，就可以估计出概率和保费，正如皮尔士在他的哈佛系列讲座中所讲的一样。

但这种纯粹的统计学方式漏掉了一个重要因素：在卖出保险合同时，你并不了解买主的全部信息。后果是很严重的——而且非常严重。事实上，这正是引发法国大革命的重要因素之一，只不过经常被忽视罢了。路易十六和他的财政部长忽略了这个问题，其结果就是得出了一个错得十万八千里的保险费用，而且他们也为此付出了巨大的代价。

其旧制度最大的问题，就是向担心活得太久的人提供了保险。生命还有太久这一说吗？也许在我们看来，这不是一个需要上保险的问题。但是，纵观历史，人们对活得太久的忧虑，远超对过早死亡的忧虑。那是因为，如果我们活得太久，就有可能提前花光所有积蓄，继而在贫困中死去，想想皮尔士这个先例吧。这种风险——长寿的风险，可以通过将你现在的财富“年金化”来解决。年金是一种合同：你投资一大笔钱，而承保人则于此后每年向你支付一个固定数额，直到你死去。这是一个能保证你在死前一直有收入的很有效的方式。

事实上，这些年金合同是英、法两国18世纪重要时期中公共金融的主导形式。它们存在的前提，是有了出生和死亡记录。确实，正态曲线一开始用来描绘的事物大多与死亡相关。如果我们提前知道每个年龄段将出现的死亡人数的平均值，就能确保我们制定的年金费用的可行性。每一个年龄群的人，都将根据其不同的寿命预期，缴付各不相同的养老保险费用。

英、法两国在18世纪不断地互相征战，于是两国不得不为战争投入大量资金，包括那场昂贵的七年战争。事实上，七年战争甚至可以说是一场军备竞赛，其支出远超普通战争的军备需求。18世纪前，两国就有过以各种借口逃避公共责任的黑历史。英国借光荣革命之机改革了其体制，创建了公共财政体制，用税捐收入保证了支出，是平衡预算系统的雏形。

相反，法国混乱的财政状况却在继续，并开始越来越依赖于向民众提供年金。更糟糕的是，他们迫切需要融资，这直接导致他们决定所有年龄层的人都能拿到同样金额的年金。5岁的孩子和80岁的老人能拿到的年金数额都一样，而且每年支付，一直支付到他们去世。每年支付是为了提高对民众的吸引力，以平均值来看，统一的年金利率是可行的。

这段历史是一个残酷的例证，说明了导致保险复杂的因素之一：逆向选择。猜猜最后是谁买了法国政府用以融资的年金？不出意外，老年人对此并没有兴趣，而年轻人则一哄而上——恰恰是那些对法国政府来说养老成本最高的人。

还有更有趣的。金融工程师们给世界带来的最早的一次浩劫，就是由一群为瑞士最健康的 5 岁女孩买了年金的瑞士银行家引起的。之后，他们又允许人们投资这些养老保险组合，这基本上是世界上出现得最早的证券化金融衍生品。到法国大革命爆发时，这些年金已经成了政府最重要的收入来源，而其中大多数年金受益者都还不到 15 岁。

这些债务引起了一场财政危机，最终演化成了对公众持有的其他债券的大规模违约，由此引发的不满最终导致了法国大革命的爆发。18 世纪 90 年代，财政大臣们对此进行了事后分析，谴责旧政权的做法愚蠢，而这些年金也不正当，对于像瑞士银行家这些能理解个中原理的人来说，这些年金简直就是天上掉馅饼的好事。值得一提的是，一份这样的年金保险，一份政府特别大方、允许买方传予后代的年金保险，到今天还未偿清。法国政府的预算项目里至今还有付给 1738 年发行的“红雀年金”的 1.2 欧元，证明他们确实生活在法国大革命创造的世界里。

就算当时法国政府的年金利率是合理地根据不同年龄段制定的，逆向选择问题也一样会出现。那些认为自己足以健康地活过自己预期寿命的人会购买这些养老保险，而那些知道自己的病史会导致较早死亡的人则不会投资。事实上，经济学家艾米·芬克尔斯坦和詹姆斯·波特伯证明了英国政府巨大的年金市场还呈现出一种趋势：购买年金的人群普遍比不购买的人群长寿。这意味着制定年金利率时，就应该考虑到逆向选择因素的影响，而这并不容易。

逆向选择问题在于无法确认购买保险的人是否符合政策制定者的预期，这还只是保险面对的两大问题之一。18 世纪出了问题的法国公共财政体系就是另一大问题的例证。

更有意思的是，法国政府还允许个人组团购买养老保险，团队中每死亡一个人，其他所有人的年金都将增加。所以，政府要向该团队每年支付定额年金，直到最后一个成员死去，而且随着团队中的成员陆续死去，剩下的成员拿到的年金就越来越多。幸存到最后的成员拿到的年金数额往往极其巨大，直到过世。这个年金计划就是所谓的唐提式保险。

事实上，这个年金计划更具吸引力。你的寿命越长，收益就越不成比例地巨额增长，而且对政府也有好处，因为预测最后一个人死亡的时间，比预测某个普通人的死亡时间要容易。唐提式策略在 19 世纪和 20 世纪之交的美国与欧洲十分流行。纽约证券交易所的原址本来就在唐提咖啡馆旁，唐提咖啡馆就是唐提式保险的产物。学者们估计，20 世纪初期，美国的唐提式保单值约有 900 万美元，接近当时国民财富的 8%。

唐提式保险能出什么问题呢？如果你的保险收益取决于别人的死亡，你会怎么做？对于这个答案，可以向万能的动画片《辛普森一家》请教。如果你是伯恩斯先生，是坐拥一座核电站的大坏蛋，你就会想尽办法谋杀与你一起购买唐提式保险的团队中的其他所有人，包括巴特的祖父。

《辛普森一家》很好地证明了保险如何产生了改变参保人行为的动机，我们将这种行为称作道德风险。但这个例子不算完美，因为一般情况下，参保人会趋向于做更危险的事，而不是为了保险金杀人，你应该理解我的意思。保险，或者其他各种安全保障，都会让人趋向于冒更大的风险，所以承保人就应该在定价时将这种行为也考虑进来。关于这一点的例子还有很多，比如经典悲剧电影《双倍赔偿》，想想芭芭拉·斯坦威克所饰演的角色，那就有严重的道德风险。

那么，针对影响巨大的逆向选择和道德风险，最好采用什么机制呢？正是为了确保人们不会为一己私利，因为保险的相关政策改变自己的行为，诞生了国家强制险和雇主责任险。同样地，免赔额的设定也是为了避免个人因为参保而过度使用医疗保险。但什么样的组织最适合风险分担，还能避免道德风险和逆向选择带来的不良后果呢？这个组织的成员资格应该是强制性的，这样就能避免逆向选择作用；而且在这个组织中，成员们可以互相监督，以避免道德风险对自己不利。

当然了，这个组织就是家庭。你没法选择自己的家庭，这就解决了逆向选择问题。而且家庭成员间的感情确保了人们的行为不会受保险金影响。确实，千百年来，家庭都是保险最重要的业务来源。多项研究证明，一个家庭或者数代同堂的家庭，尤其是在发展中国家，通常会购买多种保险。一个典型的例证就是，金融危机后“住户组成数”比率的变化。住户组成数的比率在金融衰退初期大幅下降，因为许多孩子都选择了搬回父母家居住。如罗伯特·弗罗斯特所说，“家就是当你无处可去时，一定会接纳你的地方”。

但这不代表家庭就是购买保险的最佳机制。风险分担的优点会被家庭的规模和其本身的复杂性所限制。体现家庭并非提供保险的最优方法的现象，就是在国家提供了养老金后，独居老人的数量出现激增。从内战中的联邦军退伍的老兵，是美国第一批拿到国家提供的大笔养老金的人。经济学家朵拉·科斯塔表示，这批老兵中与子女分开居住的人所占的比例，比当时普通人的比例高出很多，这说明，家庭式保险并非利于所有人。养老金为老年人提供了选择如何生活的权利，而许多人认为，家庭式年金政策不如政府养老金。有时，距离才能产生美。

理解了风险是无处不在的，理解了保险的本质，又能怎样帮助我们更好地理解这个世界呢？要回答这个问题，还得说回到皮尔士。为什么皮尔士这位伟大的文艺复兴式大师，能够同时欣赏偶然和正态分布法则的人，能够得出“每个人都是保险公司”的结论呢？

皮尔士坚信，每一条“理”中都存在着偶然，所以自然而然，一切人事都取决于概率，这是一条普适的真理。皮尔士教会我们的第一个道理，就是要接受偶然。这种对偶然的全心接受，引导皮尔士得出了他最伟大的发现。他在试验中用到了一副扑克牌，保证对象的抽取是完全随机、不带偏见的，以此来提高结果的可信度。这是科学试验的第一次随机化，而后来这成了现在对知识的探索中的本位工具。皮尔士不像其他否定偶然性存在的人，他懂得，接受无处不在的风险是一种有效的工具，它也许就是智慧的基石。

当你接受了偶然的存在，剩下的任务就是探索世界的原理，寻找能为我们指引方向的固定模式。这就要说到概率了，因为想要真正理解世界，唯一的办法就是理解一切都不存在必然，我们应该从概率的角度看世界。如果我们想理解事件发生的可能性，想理解世界运行的原理，唯一的办法就是通过试验计算概率，就像保险公司一样。保险公司对一个群体做的试验越多，对这个群体的了解就越准确，保险公司的生意也就越成功。这就是为什么会说，每个人都是保险公司，因为经验是理解应该如何生存、发展的关键。

皮尔士对保险的重视其实来自他的哲学观点——实用主义。实用主义是故步自封的反面；实用主义相信，实践是检验真理的唯一标准，而真理是指导实践的唯一方向。皮尔士讲起试验，总会用一个统计学术语——“取样”。只有对宇宙万物做出恰当的取样，才能学到有价值的东西。我们应该尽可能多地实践，就像保险公司应该做的一样，这样才能做出正确的决定，在对其概率做出正确判断的基础上认识世界。把握现在，一点没错。

最后，皮尔士将实践的重要性推至极限。如果自身经历是理解世界最重要的工具，我们该如何与他人交往？这里出现了一个伟大的转折，那就是，皮尔士根据鞅问题需要的无限长远的眼光，同时对保险公司定价政策的讨论上升到了道德层面——其本质，就是因为我们自身的寿命有限：

> 是死亡，限定了风险和推论的极限，所以平均结果才有了不确定性。概率和逻辑的概念都建立在其样本的数量无限大的前提下。所以我们又遇到了之前的难题，而我只能想到一个解决方法……逻辑的固有属性决定，我们不能限制自己关注的范围。我们不能只关注自己的命运，而应该将群体利益放在心里。而这个群体，也不能有限制，而是应该推展到和我们有或可能有任何联系的所有生命上。哪

> 怕相连甚微，我们也要让这种联系超越地质年代，超越一切束缚……逻辑之源在于社会准则。为求逻辑，人必须摒弃自私。

个人体验有固有的局限性，所以要理解世界，就需要结合他人的体验和福祉。和达尔文主义相反，皮尔士认为，保险的逻辑和取样的固有属性要求“有名的三重奏，仁慈、信念和希望，在圣保罗眼里，是至善至美的属灵的恩赐”。要理解世界，我们必须心怀他人，这是收集经验所必需的。对皮尔士来说，保险教会了我们，实践与移情是我们对抗这世界中所存在的无序的关键所在。

华莱士·史蒂文斯，是彼得·施杰尔达口中“20世纪美国最伟大的诗人”，对哲学无甚研究。1944年他发表了一篇论诗歌优于哲学的论文，之后他的一位朋友批评说，他这么认为是因为他没有接触到打动他的哲学家。史蒂文斯回答他的朋友说，“大多数现代哲学家都太过学术”，但他也说，还有一位例外，“我对皮尔士一直很有兴趣”。许多评论家都注意过皮尔士和史蒂文斯思想上的相似性，但还有一点，史蒂文斯对保险的喜爱甚至超过了皮尔士。即使他在诗歌上的成就已经让他没有了工作的必要，但他还是当了一辈子保险公司的高管。

史蒂文斯拒绝了去哈佛做“诺顿诗歌教授”一职，而是将其一生都致力于思考哈特福德事故保险公司该如何就一桩桩保险索赔案采取庭外和解或者对簿公堂。同为诗人的约翰·贝里曼在送给史蒂文斯的挽歌中，嘲笑他是“精算师堆里的古怪的金融人士”。所以，到底是保险的哪一点让史蒂文斯如此重视？如我们所见，保险的意义，在于通过将世界的固有模式资本化，创造出集中机制，从而更好地理解人类体验中所存在的混沌元素，并帮助人类更好地控制它们。对史蒂文斯来说，诗歌也是一样，是以认清世界的混沌为己任的。

在史蒂文斯的诗集《秩序的观念》自序中，他将该卷诗评为“致力于展现人对于一般意义上有序的依赖，质疑已经广为认同的理念”的“纯粹的诗”。除了对20世纪前期发生的骤变（第一次世界大战和大萧条），史蒂文斯对自然和人类自身思想中固有的混沌也感触颇深。

在他的诗歌《西屿的秩序感》中，史蒂文斯以他心底最深处的渴望作结：“哦！对秩序的神圣激情。”史蒂文斯的传记作者保罗·马里安尼将他的诗歌描述为对一个“能对抗外界的，以及更可怕的、引起人们内心的混乱的武器”的呼唤，渴求着“一个能支撑我们走下去的谎言”。本诗中，史蒂文斯以“大海黑暗的语声”和“水与风无意义的呢喃”对比一位歌者“超越海洋之灵的歌声”，他说艺术——小说、音乐、诗歌——是战胜世界之混沌的唯一途径。

诗歌对史蒂文斯十分重要，因为诗歌证明了想象力是如何帮助我们理解这世界的混沌的。在他的《想象的价值》一文中，史蒂文斯强烈反驳了帕斯卡提出的“想象是人类最虚伪的一面，是错误与虚伪的来源”的观点。相反，史蒂文斯提出“想象是人唯一的天分”和“通往现实的唯一线索”。想象为何如此重要，对史蒂文斯来说，“想象是思想战胜世间存在的一切可能的力量”，是“让人能够在特殊中发现普遍，从混沌中寻找秩序的力量”。史蒂文斯的话听起来让人觉得他简直像最先发现正态分布的大师。

从特殊中发现普遍，就是保险存在的基石，也是帮助我们在世界的混沌中寻找秩序的工具。与帕斯卡的超理性主义相反，皮尔士和史蒂文斯一样，看到了想象的价值，并总结道，“诗人，或者小说家的工作，其实与科学家没有两样”。

对皮尔士和史蒂文斯，还有哈米特笔下弗利特克拉夫特的故事来说，生活最基本的问题就是直面无序，直面混沌，摸索其中规律，不否认混乱，并且努力与之共处。对皮尔士来说，保险就是用以解释这一切的核心隐喻——通过实践、实用主义和同理心。对于史蒂文斯，一个毕生致力于保险索赔谈判、放弃了全心投入诗歌的人来说，想象就是他管控无处不在的无序，寻找并用以看透混沌中隐藏的有序的最重要的工具。所以史蒂文斯总结说“诗歌与索赔并非表面看起来那么迥异”，也就不足为奇了。

The
WISDOM
of
FINANCE

第二章

风险交易

如果连不负责的法国公共融资阴谋都能被写进《辛普森一家》，英国用以资助其政府的金融工具又该何去何从？事实上，这些债券在 19 世纪的英国文学中屡见不鲜。简·奥斯汀的《傲慢与偏见》开篇就是："身家丰厚的单身男人必以娶妻为己任，此乃放诸四海而皆准的真理。"要衡量一个人的财富，从而形成衡量他资格的标准，社会通常会关注其年收入和持有的证券。这些收入通常由英国政府债券提供，这种债券也被称为"百分之三债券"或者"百分之五债券"。这些永久债券又叫作统一公债，不因受益人死亡而终止，像年金或者唐提式保险，都是永久有效的，能为一个家庭提供数代稳定的收入。

由年收入确立其资格属于风险管理问题，是婚姻市场中年轻女性面临的一个大问题，其贯穿于 19 世纪的英国文学作品中。经济保障的机遇必须与不同求婚者各自的风险相权衡，这是这些小说中大多数女主角和其家人要面对的问题。柯林斯先生对《傲慢与偏见》的女主角——伊丽莎白·班纳特的求婚，堪称史上最讨人厌的求婚，求婚的台词也是无药可救的自恋。虽然伊丽莎白表示了不满，但柯林斯先生仍无悔改之意。他不但没有赞美、追求伊丽莎白，反而还表示，因为伊丽莎白目前面对的风险，接受他的求婚才是唯一选择。

柯林斯先生重申了他们为何如此相配后，总结道："你需要三思而后行，虽然你在各个方面都十分有吸引力，但不一定还会有人向你求婚。你的嫁妆实在是少得可怜，很有可能完全抵消你的可爱与亲人的品质。所以我说，你拒绝我的决定十分不明智，我决意，将你的拒绝当作所有好女人都会有的欲擒故纵。"

总而言之，嫁给我，否则你有可能一无所获，尤其是鉴于你微薄的嫁妆。伊丽莎白，我相信你不会犯傻吧？伊丽莎白的母亲也提醒她："如果你要这样拒绝所有向你求婚的人，那你永远也找不到丈夫，那我就不知道你父亲去世后还有谁能照顾你了。我是没办法照顾你的，所以我必须提前提醒你。"伊丽莎白的姐姐玛丽也提醒她说，婚姻市场中女人所承受的风险是很大的，因为"一步走错，就有可能满盘皆输"。在得到了父亲的允许后，伊丽莎白果断地拒绝了柯林斯先生。她想继续碰运气。

最后，柯林斯先生赢得了伊丽莎白最好的朋友、不愿意冒险的夏洛特·卢卡斯的芳心，他求婚的理论和向伊丽莎白求婚时说的一模一样，而夏洛特显然很赞同柯林斯先生的实用主义理论。她本来就认为“婚姻幸福完全是概率问题”，所以求婚，或者所谓的情投意合和寻找到合适的伴侣并没有太大关系。最后，夏洛特说道：“我不浪漫，从来也没有浪漫过。我只求一个舒适的家；考虑到柯林斯先生的性格、交际和家境，我相信和他结婚得到幸福的概率和所有新婚夫妇声称的概率差不多。”简而言之，在她眼里，鉴于她倾向于规避风险，而且就她对婚姻的风险和回报的期望，这是一次很好的交易。面对婚姻市场的风险，夏洛特认为安逸比继续冒险更好，而伊丽莎白则选择了为一场浪漫的爱情继续冒险。

伊丽莎白和夏洛特在寻找丈夫的过程中遇到的风险管控问题，其实我们在生活中的许多其他决定中也经常遇到。继续学业进修到底值不值？进修带来的回报是否足以抵偿知识专业化，以及为之欠债的风险？考虑到其一年后可能破产的风险，将精力投入一家创业公司是否值得？是应该继续寻找更加合适的工作，还是接受已经到手的机会？这些问题其实都隐含着对风险与回报的权衡，面对各种不同选择、未知的未来，你需要考虑如何分配时间、精力和其他资源。这个分配问题，就是金融的核心问题。

如我们所见，保险是用以管控一系列风险——比如死亡、寿命，或者天灾——的强大工具。但保险并没有涵盖我们在劳动市场或婚姻市场遇到的风险。幸运的是，金融借用保险的逻辑，创造出了两大风险管控工具——期权和分散投资，也许这些风险管控策略看起来比较深奥而且毫无联系。不过幸运的是，安东尼·特罗洛普的作品《菲尼斯·芬恩》中的维奥莱特·埃芬厄姆，就为我们在婚姻市场的风险管控问题上指出了一个良好的方向，因为她在现代金融还未给这两种策略下严谨的定义前，就已经将之运用自如了。而这两种手段的核心思想其实起源于一个共同的祖先——一位无名的法国数学家。他解决了一位英国植物学家提出的难题，却并没有得到本该属于他的荣誉。

你有没有好奇过，为什么有时候能看到像是有灰尘从一束阳光中飘过？植物学家罗伯特·布朗 1827 年也思考过同样的问题。他观察到花粉在水中喷射出粒子，而这些粒子似乎是在随机运动。粒子为什么会运动？怎么运动？他用烟灰试验也得出了一样的结果，因此证明了花粉不是在自主运动。

故事后来是这样的：在阿尔伯特·爱因斯坦的奇迹年，也就是 1905 年，爱因斯坦做出了四项重大突破，率先提出了对布朗运动原理的解释。他证明，许多看起来连续的运动（比如灰尘或花粉的运动）其实是因为周围其他离散粒子的运动导致的。也就是说，花粉粒子的连续移动，其实是花粉粒子被其周围微小的水分子随机碰撞产生的。这个基本概念引发了物理学的变革，因为它证明了原子的存在，提供了描述各种看似随机现象的数学工具，从根本上让量子力学得以崛起。

金融与经济一直以来都十分羡慕物理的精确与高深，所以它们借鉴了物理学的这个大发现，并开始模仿这种自然科学——故事的结局就从这里开始。这个故事告诉我们，金融迷失了方向，它将数字上的精确置于人类的现实之上，因为它想用物理和量子力学来描述固有的社会现象。

这个故事很对那些对金融的兴起不满的人的胃口，但作为历史故事，它实在有些失真。事实上，有一个人早已解决了这个问题，比阿尔伯特·爱因斯坦还早五年，这个人就是路易·巴舍利耶，一名巴黎的博士生。但他研究的不是粒子运动，而是股票的运动，并且推衍出了许多数学运算来描述这些运动，甚至包括罗伯特·布朗发现的花粉粒子运动。他是怎么做到的？他发现，他可以采用并推广神奇的高尔顿钉板的分布态，重点不在于小球的落点，而是粒子的运动过程，就像高尔顿钉板中的那些小球的运动过程一样。更厉害的是，他计算出的股票价格规律十分符合高尔顿钉板。但当时，对股票市场的数据计算并没有被重视，而巴舍利耶虽然做出了如此重大的突破，却从来没有被世人承认。事实上，当时前沿的数学家误以为他的结论是错误的，这个判断直接导致巴舍利耶被排挤在法国学术界边缘，他直至去世都寂寂无名。

因此，认为金融学（研究市场和固有的社会现象的学科）因为模仿物理学（精确的“硬”科学）从而迷失了自己的方向，这个观点是完全错误的。相反，正如哲学家、历史学家吉姆·霍尔特所言：“正确的顺序是这样的：有人先提出了一个理论，用以解释一个神秘的社会机构（巴黎证券交易所）。之后这个原理被用来解释物理学中一个普通的谜题（布朗运动）。最终，它却解释了物理学上一个更加深层次的谜题（量子行为）。含义很明显：是市场的奇异之处解释了量子的奇异之处，而非反之。可以这么想：如果艾萨克·牛顿当时没有坐在苹果树下，而是在高盛投资公司工作，那也许海森堡不确定性原理就是他的发现了。”

巴舍利耶的发现，不仅让传统观点发生了一次有趣的反转，还给世界带来了两大风险管控策略——期权与分散投资。巴舍利耶用来描述股价运动的算法，即数学上所谓的“随机游走算法”，为他粗浅地尝试为期权合同定价奠定了基础。当时期权开始流行于巴黎，并早在17世纪就在阿姆斯特丹交易。后来迈伦·斯科尔斯和罗伯特·默顿在巴舍利耶快被人遗忘了的（又经过默顿大幅度改进的）逻辑基础上，提出了更先进的定价公式，并以此获得了1997年的诺贝尔经济学奖。而巴舍利耶用以描述股价的随机游动的算法，最终得出了一个结论，那就是人力无法战胜市场。人们能做到的，就是采取分散的证券投资组合，这一结论大大改进了最佳证券投资理论。

也许在上一章里，我不该那样讽刺法国金融史。没错，法国公共融资方案具有固有的不稳定性，且与英国系统相比，十分不切实际。但是我们应该感谢巴黎金融市场引导我们得出了关于风险管控的现代理解。英国皇家徽章上就刻着一句法语“Honi soit qui mal y pense”，意为“心怀邪念者可耻”。

《菲尼斯·芬恩》中的维奥莱特·埃芬厄姆对像伊丽莎白·班纳特这一类女主角所遇到的风险管控问题捕捉得尤其到位。维奥莱特权衡自己面对求婚者所承担的风险时说道：“男孩，或者说男人，他们不必在意他们的行为。让他们随性而为，他们才有进步的余地。让他们犯错，他们才有机会改正。但女人，什么时候都要谨慎行事。”维奥莱特说得很明白，在风险管控上，女人应该比男人更小心，因为对女人来说，失败的后果更严重。幸运的是，维奥莱特也懂得如何管控这个风险。

维奥莱特并不赞成所谓的“等待真命天子”的方式。“我不认为我能像其他姑娘一样跟谁坠入爱河。我可以喜欢上一个男人，而且我也确实有喜欢的男人，大概能有半打儿……但要说让我对他们其中的哪个喜欢到爱上，以至于想嫁给他，让他成为只属于我的爱人的程度，我无法理解。”所以，维奥莱特是怎么决定该嫁给谁的呢？对维奥莱特来说，这件事很简单。到了该结婚的时候，她只要在所有竞争者中选出一个就好。“我会嫁给经过仔细权衡后第一个出现的、我觉得合适的人。毕竟，选丈夫就像选房子，或者选一匹马。你选择买一栋房子，不会因为它是世界上最好的房子，只是因为当时你需要一栋而已，所以你要提前看看它，如果觉得差，那就不要它。但如果你觉得还算合适，而且你已经厌烦了看房子这件事，那就选择它。选择马匹或者丈夫，也是同一原理。”

将真命天子作为婚姻的目标，对维奥莱特来说风险太大。所以，最好的策略就是保证当她准备好做这个重要决定时，她已经有了一些很好的备选者。而且她也正是这么做的，她在做好了步入婚姻殿堂的准备，并且已经出现了不少求婚者的前提下，最终选择了切尔顿勋爵。

用金融的说法，这就相当于创建一份期权投资组合，之后选择合适的时机投资其中一份。有了这份期权投资组合，你就可以等待投资时机，并同时观察这份投资的走向——这就比过早地投入一份投资，或者一直等待“完美”投资出现要合理得多。

金融从业者喜欢期权，因为期权自由而充满机遇。于是他们在生活中也创造出了类似结构。比如，学业上的进修，就是增加“期权价值”，因为更高的学位和更大的网络意味着他们能有更多的选择。但期权到底是什么，又该怎么用？要解答这个问题，希腊哲学之父、17 世纪荷兰金融市场和联邦快递背后的企业家都是很好的向导。

维奥莱特的判断中最重要的部分是自知之明，这和期权的原理不谋而合。被亚里士多德称为希腊哲学之父的“米利都的泰勒斯”有两大贡献。其一是“了解自己”，其二就是发起了世界上首次期权交易。泰勒斯之所以跻身古希腊七贤，并且是其中唯一的哲学家，是因为他是第一位用自然而非超自然的理论解释世间万物的哲学家，他提倡基于假设的思维方式，甚至用当时很落后的工具成功预测了日食。

虽然已经有了这些伟大的成就，但泰勒斯的追求却不止于此。亚里士多德认为，正是因为泰勒斯的贫穷，导致他因为“追求无用的哲学而被嘲笑”。为了改变人们的这一观点，泰勒斯决定，他将用自己的知识来预测一次橄榄丰收，并以此赚钱。“他凑了一小笔钱，租下了米利都和希俄斯岛所有的橄榄榨油机，而且租金低廉，因为根本无人竞价。丰收季一到，一时间，对榨油机的需求骤增，而他则可以凭自己的意愿任意定价，因此大赚了一笔。”亚里士多德讲的这一课也应被所有嘲笑哲学家或学者的人汲取——泰勒斯证明了“哲学家如果想要赚钱是很容易的，只是他们的心思不在这里而已”。

泰勒斯的交易如何反映期权的性质呢？泰勒斯一开始付“定金”，给了他租用机器的权利，却没有租用机器的义务，这笔交易就是期权交易的精华所在——只预付一小笔钱，为自己预留了进行交易的权利，而非强迫某人做某事，但又有了向他们提供他们也许需要，但还不能确定是否需要的资源的能力。比如股票期权，就是给了人在未来某时以一个相对较低的预定价格购买股票的权利。

期权，虽然现在看起来像个深奥的金融工程成果，其实和其他用以交易的金融工具一样历史悠久。当金融工具最初在 17 世纪阿姆斯特丹开始交易时，期权就是其中最主要的交易工具。约瑟夫·德·拉·维加在他所著的《困惑之惑》中，就强调了期权的重要性。这是一段哲学家与股东的对话，哲学家很想进入金融市场，但却担心这并不可能，因为他很贫穷，而且还担心“鉴于他这么大年纪也没有人会借钱给他”。股东告诉他不用担心，并且向他介绍了所谓的“期权”，也就是一个“你只需要承担有限风险，但其回报却超乎你的想象与期望”的东西。接下来，他更加详细地解释了该如何购买荷兰东印度公司的买进期权（看涨期权）和卖出期权（看跌期权）。约瑟夫·德·拉·维加称，所谓期权，“既是在有利的状况下能顺利航行的帆船，又是遇上风暴时的巨锚”。

因为期权购买的是一种权利，而非资产本身，这就产生了一种不对称的效果：一方面让人有了投机的机会（“在有利的状况下能顺利航行”），一方面又能做到风险管控（“遇上风暴时的巨锚”）。因为期权是一种权利，不是义务，如果贬值，你也不需要购买该资产；但如果价格升值，你却能获利。这个特性让它成了一个很有效的投机工具。同时，购入或售出资产的权利意味着，行情不好时，你也能有一定的回报——所以它又是个很好的保险。它就类似于购买面包机时附送的保修单。在面包机有瑕疵时，它保证了你有将它退回厂家的权利。

某种程度上讲，金融从业者喜欢期权是因为它的回报具有不对称性。损失有限，收入无限。而创造期权性的体验，比如教育体验，其价值恰恰体现在这种不对称的回报上。损失有上限，收入无上限，谁能预测这种可能性有多大的潜力？1688年，当德·拉·维加从语源学上的“期权”追溯到了拉丁词“optio，也就是选择之意”，以及更古老的“希望，也就是许愿之意”时，他更加强调了期权的这一大特点。确实，所谓的“希求式”属于希腊语法，用来表达愿望，这种用法现在已经被废弃。购买期权让人对收入有了期望，让我们得以想象所拥有的可能性和有可能实现的愿望。这种期权和人可能实现的愿望之间的联系，正是拉尔夫·沃尔多·爱默生所谓“美国是‘有愿望的’的原因——期权是给对自己的愿景充满希望的人”。

期权的最独特之处在于，它的不对称性导致风险越大，期权价值反而越高。因为损失有限，回报巨大，情况越极端反而越好。换句话说，因为期权具有保险属性，因此生活不确定性越强，期权价值就越高。

自然，如果你拥有期权，就会有冒更大风险的倾向。所以，拥有期权真正的好处是，它给了你冒险的可能性。如果是突然意识到自己拥有期权，这个特性就会表现得更加明显。联邦快递创立之初的情况就是很好的例证，证明了期权与冒险倾向的联系。该公司创立伊始，它的首席执行官弗雷德·史密斯就在费尽心机地说服供应商、投资商还有消费者们，特快专递潜力巨大。一个周五，因为一笔 24000 美元的欠款，几家燃油供应商甚至威胁说要停止燃油供应。而这，将断送这家年轻公司的未来。此时，史密斯的账户里只有 5000 美元，他是怎么解决的？

作为公司所有者，史密斯意识到，如果他破产，将一无所有，但再坚持一天，他就有翻盘的可能。这听起来就很像期权——结果不对称，赢多输少。所以，如果拥有期权，你会怎么做？当然是会主动去寻找波动和风险。这两样去哪里找？联邦快递今天依然存在，就是因为史密斯去了一趟拉斯维加斯，在“21 点”的牌桌上，把那 5000 美元变成了 32000 美元。当被问起这个决定所冒的巨大风险时，史密斯回答说：“有什么区别？没有付给燃油公司的钱，我们一样会破产。”作为一个期权所有者，史密斯做出了自然的选择——冒了一个巨大的风险。如果赢了，那就收获巨大；如果输了，对他来说也没有太大区别。公司所有者只有在濒临破产时才会有这样的刺激，若非如此，他们的损失和回报就是对称的。

当然，这里面还存在很有意思的伦理问题。史密斯去拉斯维加斯的决定，实际上相当于挪用供应商的钱，因为他的赌资是对供应商的负债。但有这种刺激，他的反应也是人之常情——所有面临困境的公司都会产生这种刺激。处于险境的公司所有者就相当于期权所有者，损失有限，回报无限，所以去一趟赌城又有何不可？

这个小故事说明，创造期权，将期权加入你的投资组合，会让你有更大的自由，甚至是在鼓励你去冒险。所以金融从业者才喜欢期权，认为期权这种不对称赌博让他们的生活也有了更多可能性。期权能增加你得到超越你当前能力的结果的可能性，会让你趋向于去冒你本来不会冒的风险。同时，在你犯错时它也能保护你。金融从业者太爱期权了，他们总是会过度学习与期权价值相关的内容。他们对所谓的"期权性"，和选择多样性带来的好处已经达到了痴迷的程度。比如，我的学生们就经常以期权之名，最终走出一条曲折的事业之路，以期在情况有变时能多一些选择。对这些学生来说，期权已经成了一种习惯，而选择——因为做出选择就意味着失去期权——就成了很艰难的事。

我常有学生仍然留在他们最初就职的公司，通常是咨询或投资银行等公司，而这本是他们为了达到比如创业、社交或者政治等目的地的中转站，这种事我已经屡见不鲜。他们总是跟自己说，"何不多待一年，为之后的路创造更多选择"。本该让人更加趋向于冒险的工具，反而成了冒险的阻碍。

必要的决定，要能克服其造成的期权价值的损失。因此，种种承诺都成了做出决定时的负担。金融从业者谈起婚姻，总将之称为“期权性的丧失”。其意思是，婚姻带来的是结束，是未来所能选择的可能性的丧失，而非一个开始。其结果就是，人们太注重创造、保留选择，却恰恰背道而驰，更加难以做出抉择。长此以往，不容易做出决定的人更加着迷于期权性，并将自己的犹疑伪装成对选择的保留。

因此，在下面这两个著名的金融故事里，两个标志性人物都有选择性障碍这个问题，也就不足为奇了。虽然赫尔曼·梅尔维尔的《书记员巴特尔比》被公认为是最伟大的美国小说之一，这本书的副标题“一个华尔街的故事”，却经常被人忽略。在这个短篇故事中，一位华尔街的律师讲述了他和他雇来的书记员间复杂的故事。对熟悉华尔街辛劳工作的金融分析师或者法务来说，这个故事肯定太熟悉了。弗兰茨·卡夫卡，他自己就是保险公司的书记员，恐怕也想象不出比在金融领域工作更悲凉的形象了。但这也是一个关于不作为的故事，一个对生活中的诸多选择既不接受也不拒绝的故事。

虽然一开始很有效率，但后来巴特尔比开始变得令人难以捉摸，他说了一句美国文学中最神秘不过的台词，就是他那句用来回答讲故事的人给他布置工作时的答案。有一天，他的上司要求他重新检查他的工作，他回答道：“还是不要了吧。”上司问他，他是不是在拒绝时，他只是重复“还是不要了吧”。他并不拒绝，但也不接受，他只是觉得还是不要了。

后来巴特尔比住在办公室的事被人发现，于是被要求搬走，他只是回答“还是不要了吧”。后来那位律师换了办公室，就为了摆脱巴特尔比这个麻烦，新租客再次要求巴特尔比搬走，巴特尔比回答“我觉得还是不用动了吧”。最终，巴特尔比因流浪罪被捕入狱，律师给他送来了食物，但巴特尔比却回答“还是不吃了吧”。故事的结局是巴特尔比在监狱中日渐消瘦，直到那位律师发现了他的尸体。

这句神秘的“还是不要了吧”引发了诸多讨论。有批评家提出，巴特尔比的行为是典型的消极抵抗，是个走火入魔的抗议者。也有人认为他是梅尔维尔自身抑郁的体现，因为他自身也并未获得多少好评。但我认为最有道理的解读是，巴特尔比不接受也不拒绝的态度，是因为相比真正的结果，他更期待其他的可能结果。我们都曾在各种情况下做出一样的事，有时候，多项选择的可能性太诱人，以至于我们拒绝真正做出决定，更希望活在一个有更多可能性的世界里。这就是巴特尔比这样做的原因——为潜在的可能放弃了现实，为期权性放弃了做出决定。

正值赫尔曼·梅尔维尔的《书记员巴特尔比》被编入《广场故事》一百周年之际，索尔·贝娄出版了他的《抓住时机》，里面描述了一个十分相似的、犹豫不决的主人公。这部中篇小说讲述了汤米·威尔姆，一个在纽约闯荡的幼稚大男孩四处碰壁的一天。文章着重描述他后悔选择了演员这个职业，从父亲那里没有要到钱，妻子追着他要抚养费，最后他还把仅剩的积蓄交给了一个骗子，硬是让他做了据说只赚不赔的猪油和黑麦投资。那个骗子——塔姆金医生，是个类似麦道夫的形象，既懂点心理学小技巧，又说着汤米很清楚是错误的财务建议。但汤米就是无法不相信那个骗子，虽然他很清楚这就是上当。

汤米意识到，他的一生就毁在了犹豫不决和做了一些其实并非出于本意的决定上。“犹豫很久后他（汤米）做了决定，最终还是把钱给了他（塔姆金）。他最终还是选择了忽视直觉判断。他已经无力思考，这个决定其实也不是他的心意。怎么会这样呢？那是因为威尔姆已经做好了接受自己的判断是个错误的准备。他的婚姻也是一样。通过许多这样的决定，不知怎么，他的生活就身不由己了。”他意识到自己混乱的生活已经“身不由己”，因为他做的所谓决定其实都不是他自己的心意，只是因为他自己犹疑不定的性格和瞻前顾后导致的一个个错误。

威尔姆祈求上帝指引他摆脱瞻前顾后的犹疑性格，指引他做出更好的决定。“让我摆脱我的思绪，让我做更好的事。我为自己浪费的所有时间感到抱歉。救我脱离现在的混乱，得到全新的生活。我的生活现在真的一团糟。”在小说的结尾，汤米闯进了一个陌生人的葬礼，在那里他完全崩溃，力气全无，被后悔和悲伤击溃。“悲痛如鲠在喉，他的胸中溢满了忧伤，他彻底崩溃，放声大哭，撕心裂肺。”他已经穷困潦倒，陷入绝望，无法做出任何决定，只能祈求上帝的救赎。

巴特尔比和汤米·威尔姆都是无望之人——无法做出任何决定的被动人物，但他们也有不同。梅尔维尔讲述的是一个无作为，也无法作为的故事。而贝娄的故事则更加真实，它描绘了完全不做任何决定的后果，让世界替我们做决定，最终我们会发现，我们已经完全无力掌控自己的生活了。后者是我的许多学生都面临的一个诱惑——他们对专业、对研究生文凭、对工作的选择都是过度依赖期权性的结果。很快，和许多人一样，这些学生会发现自己在无意识地接受一些并非出自他们本心的决定。

维奥莱特·埃芬厄姆在她对年轻女性面对的风险的讨论中，悟出了另一个风险管控的金融工具。切尔顿夫人说切尔顿勋爵是真的爱上了她，可维奥莱特否定了她的判断：“爱我的人可能有十个。”接着维奥莱特考虑了最优方案后又说：“但我不能十个都嫁。”要是她真能同时嫁十个人，那她的风险就真的能降到很小了。有些丈夫会合适，有些就不合适。要是她能先整体接受，再从中选择就好了。

这种分散的逻辑正是最佳证券投资理论的基石，更代表着金融中唯一真实存在的“免费午餐”。而且这个逻辑作为风险管控策略，其历史也由来已久。最早的例子，就像保险，能追溯到航海贸易时代：货物被分置多船，选择不同航道，以减小损失。英国中世纪时期的农夫所面临的最大风险，在于他们过于依赖某一块土地的产出，于是中世纪英国著名的“敞田制”应运而生。农夫们每人只负责地主广阔领地中一小片细长的土地，不再像之前一样耕种一大片。这种方式十分低效，因为它增加了运输成本；但它却极大地降低了农夫的风险，因为它将农夫的收成分散在了多片不同的土地上。

以分散投资降低风险的理念时至今日也屡见不鲜，而且形式不一。斯金格·比尔，电视剧《火线》中巴克斯代尔组织的黑帮老大，就采取了分散投资作为风险管控手段。在他和警察的猫鼠游戏中，保证通信十分重要，所以他采用了“一次性手机”作为通信手段。但是比尔却不只用分散通信方式来达到反侦查目的——他在购买一次性手机时就采取了在大范围内的多家商店购买的策略，这样就不会产生大单交易，引起注意，而且他还用了大量不同用户的身份。这样，他最大的风险——被警察发现和监控——就能通过分散来规避。

他的分散投资还不只如此。他的最终目标（部分实现），就是分散生意，不再只做毒品交易，而是扩张到房地产、联邦合同等，他想寻找“盘外的生意”。他的犯罪集团最终崩塌是因为巴克斯代尔的手下。虽然他们小心地分散了一次性电话的采购，却没有分散租车记录，多次使用同一家租车行，成了警察最终得以破获他们犯罪活动的线索，而这也最终导致了比尔的垮台。从中世纪农业制度到毒贩的犯罪活动，分散投资一直都是一个高效的风险管控策略。

就像期权从某种程度上来讲具有保险属性一样，分散投资的原理也是基于保险的逻辑之上。保险，就是承保人将许多独立个人的风险承担起来，依赖群体的制度性和神奇的正态分布为风险定价。而分散投资，则是将资源打散，分布在多条航线、多块土地、多部手机或者多个租车行里。为了从多种多样的结果中收益，就要先将手里的资源分散。

这条逻辑用在一个人最珍贵的资源——时间和精力上尤其有效。斯蒂芬·库里可以说是现役篮球运动员中最棒的一位。他能达到今天这种成就，是专心某一种运动，投入全部精力得来的吗？不同于大众化的体育育儿策略，专一地投入一种体育运动，对业余爱好者或者潜力巨大的专业运动员来说都不够明智。而库里，也不是这样做的。

少年时期，库里并没有把所有时间都用在篮球上，他还参加棒球、足球、田径、高尔夫球和橄榄球的比赛。显然这与科学和分散投资的经验是同一阵营的，因为进行多项运动，减少了他的受伤概率，甚至提高了一些在某些运动中重要而在其他运动中次要的技能。博雅教育也是同一原理——为了避免过早地专精于某一领域，而让学生接触许多不同领域的知识，训练各方面智力，为其后的学习提供更多指引。

金融教给我们的，不仅是分散投资对风险的管控，事实上，分散投资还有一个附加的好处。从并非很多人都能理解这一点就能看出，这个附加的好处特殊在哪里，甚至约翰·梅纳德·凯恩斯在最佳证券投资理论出现前就提出过："正确的投资是将大部分钱投入一家你确实了解，并且对其经营存有信念的公司。对于你并不了解，也没有什么特殊理由自信的领域，就算分散多投也没有降低什么风险。"但分散投资的理念已经是千百年来人们根深蒂固的思想；在《传道书》中就说，"你要分给七人，或分给八人，因为你不知道将来会有什么灾祸临到地上"。而《犹太法典》中，拉比以撒也说，"人的财富应永远分成三份，一份投入土地，一份投入贸易，第三份随时备用"。

从金融角度来看，这几段宗教文字中所提到的分散投资的概念，不但能规避风险，甚至能在一定程度上维持回报。还有什么比风险更低、回报却相同的投资更好？投资不同的资产，就能从这些有不同缺陷的资产的联系中得到更大的回报。事实上，最好的资产就是和你现有的资产行为特征区别很大的资产，将这些资产加入你的投资组合，不仅能规避风险，还能提高收入。而和现有资产过于相像的投资，在分散投资上的作用是有限的。

分散投资的价值在生活中也有体现。我的一位挚友向我倾诉他的投资组合问题："我知道用我的时间能做的最有价值的事就是陪伴我的孩子们，但要是把所有的时间都投在他们身上，不仅会毁掉他们，我自己也要疯了，为什么？”从金融角度来解释，我们最应该做的，就是分散投资我们的精力和人际关系——各个人之间不是互相排挤的关系，反而还有互相促进的作用。在做一个很好的朋友的同时，并不代表你就不能同时做一个好家长，而且相反，这有可能会促进你和孩子的关系。

事实上，对我们助益最大的人际关系，正是那些能拓宽我们的视野、不同于我们的日常经验的人际关系。这些人际关系，在金融术语里，就是所谓的“不完全相关资产”，而这正是那些有助于我们的生活投资组合的资产。同理，在生活中只接触那些和我们思想相近、价值观相同的人，相比之下，对我们的助益就要小一些。就像凯恩斯无法理解分散投资，在人际关系上采用分散投资组合感觉上常常是与直觉相悖的。趋向于，或者说渴望接近思想相近的人，才是常人的本能，而这是金融所不提倡的。是的，和思想接近的人在一起相对容易，但金融的观念是努力让自己得到不同的体验，而不是避免这样。

从分散投资理论中衍生出来的终极产物，就是资本资产评价模型。虽然名字看起来复杂深奥，但其实这是一个在金融之外、生活之中也应用良多的道理。这个模型的核心意义——也正是由分散投资而产生的意义——就在于一个人总会有很多不同的投资。所以权衡每一份投资时，都要考虑其与投资组合中其他投资的相似和不同之处。简而言之，任何投资的风险都无法被单独计算——任何一份资产的风险，都必须在理解了它的行为与一个多样化的投资组合之间有何联系，以及它在该投资组合中的影响如何之后，才有可能衡量。

归根结底，这个模型就是：和你的投资组合整体的波动相关性较大的资产，就叫作“高贝塔”资产，它们的价值相对较小，因为它们的分散投资价值小。事实上，它们会加剧你在市场中的风险，因为市场走势下跌时，这些股价也会大跌。这些高贝塔资产的价值，就在于你期待它们能创造的高回报，既然没什么分散投资作用的价值，至少回报应该高一些。这就引出了这个金融原理最难懂的部分，如果你希望得到高回报，就只有在资产处于低价时买入。在现金流固定的情况下，现价越低，回报越高，这样才能补偿你购入这些高贝塔股票时所承担的高风险。

举个例子，像雅虎、清晰频道户外广告，或者拉马尔广告公司，它们的收入都来自销售网上或者户外广告，谷歌财经说他们的高贝塔值超过 1.5。高贝塔值 1.5 意味着什么？意味着股市上涨 10%，它就能上涨 15%；市场下跌 10%，它也会下跌 15%。为什么？常言道，不景气时第一个被裁减的是广告部，而经济复苏时第一个扩张的也是广告部，所以广告业的起伏比市场本身的波动更加显著。因为这些企业在你的投资组合看跌时下跌得更多（因为它们是高贝塔值股票），就需要用高回报弥补这个不足，所以说，它们的资产价值相对较低。

相对地，“低贝塔值”也会随你的投资组合的波动而波动，但幅度较小，所以不需要靠高回报弥补弱势，因而价格也就相对较高。也许你已经想到了，贝塔值代表的就是一份资产和投资组合中其他资产的关联值。相反，“负贝塔”资产的运动和投资组合的走势相反——当你的整体投资组合看涨，负贝塔资产就会下跌；如果整体投资组合大跌，这些资产就会大涨。因此，这些资产的价值就高。它们的高价值来自对它们回报的低期望；也就是说，因为它们起到了很好的保险作用，它们本身的回报高低就不再重要了。事实上，不期待这种资产产生回报，正是因为在投资组合里的其他资产大跌时，这些资产才能体现出超高价值。这就又回到了保险的原理，能提供保险的资产——在其他资产走跌时带来回报的资产——就是有价值的，人们也乐意为这种资产出高价钱。而会增加其他投资组合带来的风险的资产，就是价值相对较小的资产，需要以高回报补偿你承担的额外风险。

黄金就是一个低贝塔值，甚至是负贝塔值的资产。我并不知道人们为什么购买黄金，但有一条道理可以说得通：当纸币贬值，世界像电影《疯狂的麦克斯》中那样陷入水深火热时，拥有黄金就很必要了。所以，你能接受它的低回报或者负回报，是因为黄金起到了保险的作用。虽然在《疯狂的麦克斯》那样的环境下，黄金并不一定能有多少价值，但只要有足够的人相信它有这个价值，比如在动荡的时局中一拥而上时，黄金就能起到负贝塔值资产的作用。

这个原理还有更极端的例证，那就是人寿保险。就算我在精算指定的日期内死去，人寿保险的回报期望也是负的，这些年的利息和最终的保险金是附带一个负回报的。但没关系，因为在我的家人最困难的时期里，还有被支付的保单可用，这对我来说价值重大。

所以，你生命中的高贝塔值资产、低贝塔值资产和负贝塔值资产又是谁？你生命中的高贝塔值资产最有可能的就是你的“领英”里的好友，或者工作中认识的人。这些人际关系对你极具工具性。换句话说，你好时，他们就会在你身边；而你不好时，他们也会离开。同理，他们对你的价值就相对较小，这不代表他们就不是有效资源，只是他们会增加你承担的风险，而且起不到保险作用。当你失势时，他们对你就没有帮助了。

低贝塔值资产的价值就相对更高——他们是不管你遇到什么困难，都会在你身边的亲密朋友。事实上，这些友谊的类别很接近亚里士多德在《尼各马可伦理学》中对友谊的分类。

亚里士多德的定义中，最低级的友谊就是高贝塔值友谊，一种可交易的友谊，人们“是因为某人可用而爱他”“只有互相有利可图，才有友谊”。这些友谊淡薄而脆弱，就是所谓的“如果一方不再有用，就会失去对方的友谊”。当你成功时，这些负价值的朋友就会出现；但当你落难时，他们就会统统消失，因为落难中的你对他们来说没有了价值。而更高级的友谊是低贝塔值的友谊，人们给朋友诚挚的祝福，不论朋友是否能给自己带来利益。

但亚里士多德最欣赏的，还是无条件的爱，也就是你生命中的负贝塔值资产。当你陷入绝境时，这些人会为你无条件地付出；当你人生得意，他们又会提醒你不要得意忘形。“人们最想要的就是被爱，而非爱人”，亚里士多德指出，最典型的就是“具有爱的本能的”母亲，“就算孩子将母亲的爱视为理所当然而毫不领情，母亲仍然会爱着她的孩子”，听起来就是我们愿意接受负贝塔值资产带来的负回报。当我们无条件地爱着负贝塔值资产时，我们会一味付出，不求回报，这就是负回报期望。

分散投资、资本资产评价模型、贝塔值概念和亚里士多德的友谊分类系统很相符，是因为这几个问题背后的投资组合的本质是一样的。金融就是我们用来解决该如何投资，如何权衡，得到利益最大化的“风险—回报”组合的投资之类的问题的工具。而在生活中，我们尽力选择在许多人身上分配时间和精力。它们相符的另一个原因，就是其保险原理是相同的。对我来说，这种相似性引出了很多问题：我能为我所爱的人和我的朋友提供安全感吗？他们最需要我的时候我在他们身边吗？我是否在我的投资组合中的高贝塔值资产上投入了过多的时间，却没有意识到它们其实是价值相对较低的人际关系？我是否珍视了我生命中的那些负贝塔值资产？

伊丽莎白·班纳特的故事之所以时至今日仍被奉为经典，是因为她的风险管控策略十分成功，能引起读者的共鸣。她拒绝了柯林斯先生和她母亲的提议，是因为他们想利用她规避风险的本能，恐吓她接受出现在她面前的第一个选择（柯林斯先生），而非让她等待真爱（达西先生）。当她最终的真爱达西先生第一次求婚时，她也没有行使这一期权，因为她认为他当时对她并没有投入足够的感情，而且过于自恋。所以，她选择了继续等待，等待自己做好准备。她也没有忽略和妹妹的姐妹之情，她选择通过达西对她家人的态度来对他做出判断，而不是让自己在家人和爱人之间做出选择，因为她理解，人际关系并非矛盾关系，而是互相促进的关系。她逐渐开始欣赏达西的风度，打消了对他的怀疑。

最终，她意识到达西对她的妹妹并无恶意，而且他还是十分值得信赖的同盟。她去达西庄园的拜访是她开始相信他的转折点，是这次拜访让她从他的仆从那里看到了他的慷慨和忠诚——原来他不是那个她以为的自大的、投机取巧的高贝塔值资产。认真估计了风险、预测了回报后，伊丽莎白再次得到了行使期权的机会，这次她没有迟疑。她并不认为使用了期权是巨大的损失，而是很直接地“拍板成交”。看来她理解，风险管控不是最终目的，而是一系列策略，旨在让一个人能够在必要的时候放手一搏，以创造价值。

第三章

论价值

说到我们拥有的天资以及该如何使用它们时，我们并不会将拥有的经济财富当作天资的一部分。我们的天资是更私有的一种财富，并非代表资本净值的一个简单的数字。天资是我们拥有的独特天赋，是我们花费时间形成的技能。如果说在现代理念中，金钱和天资真的有什么联系，那就是金钱和财富是可以通过兑现天资获得的。

不过从语源上讲，天资确实和金钱有很深的渊源。“天资”（talent）最原始的含义，是一个重量单位（约 27 千克），后来很快转换成了同等重量的硬币所代表的价值。现在学者们对一单位天资所代表的金额仍有争议，但基本确定在 1000 美元到 50 万美元之间。我们更熟悉的一些货币单位，比如古希伯来的锡克尔、古希腊银币德拉克马，都要比一天资的面额小。所以从什么时候起，这个代表货币的词语又是如何、为什么升级成一个用来描述和定义我们能力的词语了呢？

我们可以看到《圣经》里，天资的地位十分重要。卢卡斯·凡·莱登在一幅雕刻作品中传神地再现了天资的寓言，更体现出了创造价值的金融原理。你会经常听到金融从业者在谈话中提到资产管理人能创造或者消灭价值，他们是在产生“阿尔法收益”，还是因为“贝塔收益”而获得佣金。这个故事就能很好地诠释这两个术语。

对价值创造的认知和金融的另一个重要概念很接近——资产估值。我们该怎么判断资产的价值？任何购买房子、股票或者汽车的人，不论明里暗里，都要经过这样一个估值过程。这个资产是否“值”我付的价钱？更广义上讲，任何时间、任何资源的投资，都需要估值。我应该继续进修学业吗？我应该送孩子去俄罗斯数学补习班吗？这些问题都需要我们权衡现在的牺牲（学费）和未来的收益（你的女儿在 2040 年所获的菲尔兹奖章），这些都需要估值。这个估值的过程，和收购——比如微软以 262 亿美元的价格收购领英而进行的估值——过程是完全一样的。

就像天资的寓言阐释了价值从何而来，资产估值的实际操作也能教会我们明白生活中真正有价值的是什么。但这些价值创造和估值的原理，就像这个寓言一样，都是很严肃的。大家将看到，其严肃性打动了两个人——约翰·弥尔顿和塞缪尔·约翰逊，关于价值来自哪里，又是如何被创造出来的这个问题，他们从寓言中解读出了一个更谦逊的理解。

在《马太福音》中，耶稣为了让门徒们准备好迎接最后的审判日，给他们讲了一系列故事，其中就包括天资的寓言。主人要出门旅行，于是将自己的财产以八份天资的形式，留给了三个仆人——一个人五份，一个人两份，一个人一份，“每人所分得的天资都是根据他们的能力大小而定的”。当主人旅行回来，他发现其中两个仆人使用了这些天资，并通过贸易翻了番，一人十份，一人四份。这位主人——一般解读中都认为代表的就是上帝——十分满意，他对两人说：“干得不错，能干而忠实的奴仆。你们表现了你们的忠诚……一起享受你们主人的快乐吧。”两个仆人不仅得以留下他们的天资，还得到了进入神的国的资格。但只得到了一份天资的第三个仆人，他告诉上帝：“我害怕弄丢了您赐我的天资，所以我把它埋进了土地。这就是您赐我的天资。”说着，他把他那一份天资还给了上帝。

上帝很不满意。“你应该将我赐予你的资产拿去银行家那里投资，当我回来时，连同本金和利息一起还给我。”作为惩罚，上帝收回了可怜的仆人仅有的那一份天资，将它赐给了拥有十份天资的仆人，并解释说：“因为凡有的，还要加给他，叫他有余；没有的，连他所有的也要夺过来。”之后，上帝下达了终极惩罚，“将这没用的奴仆流放去外面的黑暗里。在那里必要哀哭切齿了”。可怜的仆人失去了他的天资，并被从神的国流放。天啊。

虽然我对这故事的某些部分仍旧存疑，但是主旨毋庸置疑，每个人都被赐予了天资与天赋；这种分配并不平等；它们极具价值；而且最重要的，人应该充分利用赐予他们的天资。我们是这些天赋的管理者，有责任充分利用它们。总有一天，我们要对天资的管理负责，而出于恐惧让你自己没有充分利用这天资是一种罪。而且这个道理和之前我们对风险的讨论也有联系：人可以想办法规避、管控风险，但说到底，人生是不可能没有风险的。

这则《圣经》故事和金融有什么关系？金融学最重要的问题就是：价值是如何被创造的，又该如何被衡量？尤其那些我们认为其价值随着时间推移而增加的企业，其实是因为我们以为它们一直在创造价值。

金融对“价值从何而来”这个问题给出的答案很简单——你得到的所有资金都是有成本的，因为给予者期望得到回报。事实上，他们期待的回报是我们前面讨论过的风险的功能的一部分，而且对这些风险的估计是以市场波动对你的影响程度为根据的（还记得贝塔值吗？）。他们的期望回报，就是你得到资金的成本。你是他们的资金的管理者，而价值创造的必要条件，就是如果你想创造价值，你的收益就要大于他们的期望值，也就是大于你得到的资金的成本。

这是个很残酷的逻辑。如果你的收益刚好满足投资者的期望，那你相当于没有创造任何价值。举个例子，假设你的投资者期待给你的 100 美元能创造 10% 的回报，那么如果一年后，你还给他们 110 美元，你是满足了他们的期望回报，但也没什么特别的，因为你自己一美元也没得到，只是满足了他们的期望，仅此而已。你还不如在床上躺一年。

只有得到了更多，比如 15%，才存在价值创造，因为这样，你的收益才超出了他们的预期。可以这么想：你开了一家餐厅，而每一顿饭的收入刚好等于你的原料和劳动力成本，这就没什么值得兴奋的，而且只能证明你并没有创造任何成本之外的价值。这条规律对资金也一样适用，只是资金的成本一般没有这样直白。

这个逻辑的残酷性还不止于此。如果你获得的收入比投资人的期望收入低，等同于你损失了价值。也就是说，其结果还不如你没有使用他们的资本。你也许认为你获得了 8% 的回报很不错，事实上，如果他们的期望回报是 10%，这中间的差额就是你损失的价值。那你真的还不如在床上躺一年。

这个价值创造原理又能延伸出两条推论。如果你只是一两年超出了投资者预期，也不是多大的成就。真正的价值创造，是你为他们经营资本多年，并且每年的收益都能超出他们的预期。同样，如果你能以高回报率不断增加他们的本金，并且将本息作为新的资本再次投资，那就比只回报利润还要好，这正是因为你擅长超出他们的预期。

比如，对比一下下面两个案例。这两个案例中一样的是，投资人都期待 10% 的回报，但你能做到 20%，你自然很容易超过预期。第一个案例中，你连续做了五年，但只将收益的四分之一作为新的资本重新投入，剩下的收益都还给了投资人。而第二个案例中，你连续投资了二十年，并且将所有收益都作为了新的资本投入。这其中的价值创造有何区别？第一个案例中，你有效地创造了等同于交给你的资本 50% 的价值，而第二个案例中，你创造了 900% 的价值。

简而言之，金融的价值创造法很简单：（1）回报要超出投资者期望；（2）尽可能久地不断超出他们的期望；（3）扩大规模，这样才能不断得到大于资金成本的收益。创造价值只需要这三个简单因素。

这个原理和前面所讲的寓言故事，至少有两个惊人的相似之处。其一，我们都是他人资源的管理者。这种委托的关系和责任是金融的核心——我们是在管理他人委托给我们的资金，就像仆人要照料上帝的天资一样。就像鲍勃·迪伦在他的福音经典中唱的，每个人“都要服务于某人”。我们都是管理者，我们都属于由被委托了他人资源的个人所组成的关系链。

其二，管理者的身份附带着他人的期望，所以就有了风险，有可能有好的结果（高回报 / 进入天国），也有可能有坏的结果（低回报 / 永坠地狱）。两点都体现着一条残酷的逻辑：实现被委托资金的利益最大化，了解你被委托了多少资金，其期望回报是多少，并竭尽全力超出该期望。

金融的价值创造法要应用到我们的生活中也很容易。第一步，“超出资金提供者的期望”，这条可以理解为你的投入需要大于收益，也就是说，你带给世界的价值要大于你被赐予的天资。第二步，“尽可能久地不断超出他们的资本理所当然得到的收益”，其实就是“投入要一直大于收益”换了一个说法。最后，“扩张，这样才能不断得到超出资本的收益”，这也只是换了一个说法来表示：永远不要停止对自己的投资，并且要持续增加投资，尽可能地延迟收获，因为复利式的投资回报很大。

卫斯理宗的创始人约翰·卫斯理，在16世纪显然就已经十分理解天资的寓言和价值创造的联系。他在一次题为“金钱运用”的布道中，明确提出了这个故事和金融的联系。布道文的最后两部分总结为“不要将珍贵的天资抛诸大海”和“得到天资，首先，尽可能创收；其次，尽可能存蓄；最后，尽可能付出”。这其实就是后来更加流行的卫斯理宗教义：“尽力行善。竭力行善。尽可能行善。无处不行善。无时不行善。对所有人行善。永世行善。”没有比这对金融的价值创造理论更完美的诠释了。

由价值从何而来很容易推理出如何估值。在我们建立金融如何估值的概念前，首先要明确，不该如何估值。

金融学与会计学经常被当作同一个概念，人们认为它们从本质上讲是可以互换的，其实完全不是这样。金融是针对会计和其局限性的一种直接反应。会计学中，资产负债表用以记录所拥有的资产价值，以及所承担的债务；损益表用以计算年利润和年损失。这些算法是会计的基础，而且确实，许多人都是用这些技能和算法来打理自己的财富的。

对于金融从业者，会计的估值方法从根本上讲就是有问题的。资产负债表上所表现出来的条目，有意忽略了企业最重要的资产，而这完全是出于所谓的“保守主义”：对于会计师来说，所有无法定价的资产等同于没有价值。事实上，像可口可乐、苹果、脸书这些企业，它们最重要的资产（它们的品牌价值、知识产权和用户群体）都无法在资产负债表上体现。更糟的还在后面。因为历史成本核算法——资产应该以购置价格体现——导致有些资产的现行价值，与其会计表格上体现出来的价值相差甚远。在资产负债表上体现着大量所谓的“商誉”（并购企业时的购入价与其账面价格的差值），而在现行市场已经没有多少真正的价值了。所以说，会计和资产负债表是静态的，本质上是带有后顾性的算法。它只是一张不完整的快照，和真正的价值相差甚远。

用资产负债表原理来计算个人发展时，也会遇到会计学中出现的这些问题。它们也一定会强调这样一个计分板系统，优先体现出来的一定是可以精确计算的因素，却不一定有真正的价值。而且恰恰是这个计分板系统，保证了真正有价值的资产绝不会出现在这个资产负债表里，因为这些资产的价值很难用数字计算。

因为会计算法带来了诸多问题，所以金融采用的是另一种估值算法。金融估值的出发点是过去的成就和现在所拥有的，与真正的价值关系甚微。金融的着眼点是未来，也只有未来。今天所能拥有的价值只能来源于未来。估值的第一步，就是放眼未来，估计一个企业或者投资未来可能的收益。

第二步，就是将那些未来收益换算成现在的价值。这就是为什么金融认为，等待是有成本的。缺乏耐心是我们的天性，而且我们讨厌风险，所以等待和风险都要计价，这和之前我们计算资金的成本是同一原理。未来所有的现金流，都要根据资金成本来扣减，最终得到它的现有价值。等待越久，扣减的就越多。将所有未来的现金流都折算到现在，就得到了它今天的价值——真实价值。这个过程就叫作贴现。

金融中使用的任何估值模型，都存在上述的基本构架。忽略过去和现在，展望未来，展望经济回报。将这些价值用“加权平均资本成本”折算成今天的价值，也就是把债权融资与股权融资的总和进行加权平均，该折算结果就是该资产今天的价值，而这价值如果比你现在必须支付的价格高，那么你就赚了。

对教育投资估值也是同一原理，向前预测你因为这段教育经历能得到的额外工资，将这些工资增量折算到现在，与学费作对比。如果折算后的未来价值大于学费，这笔投资就是盈利的。鉴于教育投资的重要性和其争议性（也鉴于我就是个教育工作者），还是值得花点时间实际操作一下这个计算的。

2016 年 9 月，奥巴马政府发布的一条高等教育简报称，在一个人的整个职业生涯中，其他条件相似的情况下，具有学士学位的劳动者比只有高中文凭的劳动者多赚约 100 万美元，比只具有准学士学位的劳动者多赚 33 万美元。这就是故事的全部吗？鉴于学生需要等待一定时间才能真正得到这些工资增量，将未来工资进行折现，从而比较现值是非常必要的。折算后，具有学士学位的劳动者折现后的额外工资是 51 万美元，而拥有准学士学位劳动者的是 16 万美元。现在，只要拿这个结果对比一下现在要交的学费，就知道这个交易划不划算。是的，这个分析（和当下存在的许多掺杂着错误逻辑的分析不同）表明，大学教育很划算，但这并不代表每个人投资读大学都是划算的。

为房屋估值也是同一原理，但实际操作的困难性更大，因为要估计拥有房屋的回报是很困难的。为房屋估值时，要计算从现在开始因拥有了自己的房子而免付的房租，还要计算要缴的地产税和装修费，所有因素都做贴现，就得到了现在买房的真实价值。免付的房租是一个重要因素，这也是现在房地产泡沫的生命力所在。21 世纪初，人们没有看到，与租房对比，购房是多么昂贵。如果他们考虑了租售比，就会发现购房其实比想象的还要昂贵。

金融的估值算法和金融的价值创造逻辑一样残酷。你过去所做的一切都不重要，重要的只有未来，未来回报让我等得越久，贴现后的价值就越少。所有价值都来自未来。事实上，任何金融从业者都清楚，标准估值模型导致大多数价值都被算入了所谓的最终价值。像脸书、领英、推特之类的公司的价值，完全取决于我们对它们遥远未来的情况的判断——这些判断都算入了所谓的最终价值。简而言之，虽然我们预测的是它们未来几年里的收入，但实际上，它们的绝大部分价值都来自我们对它们未来状况的判断。同样地，在做房屋估值时，这套房屋在很多年后被卖掉时的收入占据了房屋今天价值的很大部分。

以上对估值的简单介绍，让我们大体领略了如何在生活中运用金融原理。首先，果断地放下过去和现在，在判断价值、做出决定时只看未来。看待今天的自己时，过去的成就、已逝的机会都毫无意义。其次，因为在这个过程中很强调未来的成分，所以对价值的所有估计和所做的决定都是想象和推测。想象未来的多种可能性对做出正确决定是很重要的，就像投资估值一样。最后，大多价值来自最终价值（很远的未来才能体现出的价值），而非短期回报。这是一场持久战，而持久的价值，都体现在我们能留下的东西中，比如遗产，而不是我们当下所能享用的。

我还记得我父亲常对我说的一句话，现在换作我说给我女儿听了（她就是我的最终价值）——“世界属于年轻人”。这句话改编自毛泽东的一句名言，但这句话中蕴含的深意不仅在许多传统中都有体现，更包含着金融的原理。我们都是为下一代服务的，因为世界属于他们，而不是我们。

寓言本身的属性，决定了它存在着多种解读的可能性，这也正是寓言的乐趣和其长久的生命力所在。比如天资的寓言就还有很多让我存疑之处。

首先，就是给三个仆人分配天资时出现的不平等。这个设计显然是想说，这种分配是基于“根据个人能力分配”的原则。其次，第二次分配天资时只给了拥有更多天资的人，而最穷的仆人完全被排除在外，其意十分明确：“因为凡有的，还要加给他，叫他有余；没有的，连他所有的也要夺过来。”最后，还有将最穷的仆人打入地狱的残酷惩罚。这个“没用的仆人”被流放到了“外面黑暗里，在那里必要哀哭切齿了”。

我发现寓言的教诲有这么几处很可疑。最初为什么要以这样的方式给这些仆人分配天资？二次分配时为什么还要偏向最富有的仆人？为什么向最穷的仆人施以终极惩罚，他最大的过错也不过就是……恐惧吧？

然而对于一些金融从业者，这些情节合情合理，毋庸置疑。他们会说："答案很简单。不同的人本来在能力上就各有差异。所以，社会资源就应该根据他们的天赋有区别地进行分配。得到经济回报少的人，通常都是天资不佳之人，而且确实有把握不住机会的倾向。"这种客观主义的世界观展示了金融从业者中常见的大男子主义。许多金融从业者都为他们的工作固有的论功行赏性质而骄傲：市场就是故事中冷酷的主人，每个人的命运都由自己的能力决定。

但这一定就是真理吗？如果连我们都无法确定这是真的，还应该把它奉为人生信条吗？

为了研究这个问题，就需要借助两位极富天资、成就伟大的人，而且巧的是，他们两位对天资的寓言也极富兴趣。一位是塞缪尔·约翰逊，他用八年的时间，以一己之力创作了《牛津英语词典》的前身，他就对这故事无法释怀。还有约翰·弥尔顿，无韵体史诗《失乐园》的作者，在他的作品中经常提及这个寓言，并且因为这个寓言的逻辑夜不能寐。

不论取得了多少成就，塞缪尔·约翰逊仍在担心会因为没有充分利用自己的天资而永世受罚。"忽略大地赐予的自然沃土之人，比其耕种未得回报之人罪行更重。"约翰逊的观点是很多极富天资的伟人都不得不背负的重担。他并不为自己分到了更多的能力而开心，而是将天资当成了上天降下的重任。

而且，在约翰逊的诗作《罗伯特·莱维博士之死》中，他推翻了寓言中的教诲，赞颂了一个单纯的、约翰逊认为天资不如自己的人。莱维是约翰逊庇护的一个可怜人，后来莱维开始照顾他身边的人。虽然从各种角度上来说，莱维都是一个不成功的人，却得到了约翰逊最高的赞扬："大智若愚，粗犷善良。"是一个通过向周遭的人表达关心和关爱而证明了"潜移默化的美的力量"的人。莱维为何得到了如此高的评价？约翰逊在诗的末尾引用了那个寓言：

> 美德谨守脚下的分寸，
> 不孜不倦，培养后起；
> 相信我们永恒的主，
> 会发现唯一的天资也能善尽其才。

约翰逊，一个天赋异禀之人，从一个财富、天资都极度匮乏的人身上获得了启迪。启迪约翰逊的，正是这个"天资匮乏"之人身上那种照顾、感染他人的天分。对约翰逊来说，这个寓言不是为了歌颂世界中天资聪颖的男男女女，而是在教授我们谦逊，给我们一个感激那些不为生活青睐之人为我们所做的贡献的理由。

弥尔顿对这个寓言的解读更甚。他的父亲是记账员和放债人，而他则债务缠身——不仅欠着为他的教育做出了巨大投资的生父，还欠着他认为赐予了他诗歌天资的天父。弥尔顿时常担心他会无法偿还这些债务，于是通过这个寓言吐露他的担忧。他，和许多人一样，跌跌撞撞地寻找当时所谓“可靠的工作”很多年。他的担忧在他 40 多岁——发现自己将要失明时达到了顶点。虽然他在 17 世纪 40 年代的英国内战期间作为言论自由和共和主义的檄文执笔者已经成就颇丰，却仍然认为自己没有充分利用所拥有的诗歌天赋，而视力的逐渐减退更让他担心自己永远无法尽到这个义务了。

在十四行诗《对我未曾失明之时的沉思》中，弥尔顿引用了天资的寓言，表达了自己对永坠地狱的恐惧。随着视力渐弱，他一直被“只有死亡才能埋没的才能”将会“无法再用”的恐惧折磨着，因为他即将失明。

弥尔顿最终脱离了折磨的束缚，因为他放下了天资的寓言，转而注目于《葡萄园工人的故事》。这个寓言中，上帝是一个地主，雇了工人照看他的葡萄园。有些工人从早上开始工作，另一些工人则在园外站了一天，在一天将尽时才开始工作。他保证“该给多少就给多少”。一天结束后，上帝给了每个工人一样多的工钱，没有因为开始工作的时间不同而区别对待，于是从早上就开始工作的工人不乐意了。上帝回答说：“我要给那最后进来的跟给你的一样……因为我待人慷慨，你就嫉妒吗？这样，那些居后的，将要在先；在先的，将要居后。”

在弥尔顿的十四行诗里，关于天资的寓言的残酷逻辑被更加宽容的《葡萄园工人的故事》所代替。本来还在担心上帝会因自己浪费了天资惩罚自己，现在弥尔顿如此开解了他的焦虑和急躁：

> 神并不需要人工或人自己的才赋。
> 谁能最好地承受他温和的轭，
> 就侍奉得他最好。
> 他的国是王的国：
> 千万人受他驱使，
> 疾速跨越着陆地和大洋没有歇息；
> 仅站着等待的人们也是在侍奉。

换句话说，世界上不只有天资的寓言中的残酷的逻辑，而且一个人也不能只信奉这一条真理而活，还有善良、慷慨、宽容。但弥尔顿认为天资的寓言完全忽略了这些。而恐怕就是弥尔顿在第二个寓言故事中看到的宽容，支撑着他在失明后依然完成了《失乐园》《复乐园》和《力士参孙》。

虽然天资的寓言确实很好地印证了价值创造原理，但金融本身还有一系列概念，很直接地否认了这个寓言中的残酷元素，甚至包括一些金融从业者信奉的残酷逻辑。

金融中所谓“阿尔法收益”的概念，完全就是这种残酷的、论功行赏的世界观的体现。很多金融人士，尤其是投资人，总将自己的工作称为“阿尔法收益”，而嘲弄那些所谓赚取“贝塔收益”的人。这两个术语到底是什么意思？之前提到过，“贝塔值”是一个用来描述股票随市场波动幅度的数值。而这种随市场波动出现的涨跌，就是投资者无法规避的必须面对的风险，并且因为承担了这些风险才得到了回报。所以单凭承担风险获得回报的资本管理者们，其所得到的回报与资产价值没有关系。根据估值原理，他们就没有创造价值。但是，他们还是得到了不菲的报酬，这就叫作赚取贝塔收益。回到前面举的例子，他们只是达到了投资期望，却还认为自己创造了价值。

和他们的不劳而获相对的，“阿尔法”代表着价值创造，也就是收益中超出了期望的那一部分。简而言之，阿尔法收益者实现了金融的涅槃。当你获得阿尔法收益，就真的创造了价值，超出了所有承担风险所带来的回报。

金融人士经常犯的一个错误，就是他们欣赏的天资的寓言中最富挑战性的那部分。他们将自己的成功与回报，大部分归于阿尔法收益，而且为此骄傲。现实生活中，金融教会我们的是，很难定义我们的努力在阿尔法收益中占了多大的比例。结果就是，我们认为的阿尔法收益，绝大部分都是误定义。

举个例子，掷硬币实验。这个实验行之有效地让那些因为创收而扬扬得意的人感到难堪，因为这个实验是对“阿尔法收益容易定义也容易获得”这个概念的直接否定。在一间屋子里，有你的一百位朋友，你让每一个人都拿出一枚硬币，连掷十次，记录结果。你会发现，肯定会有一个人连掷了十次正面。关键在于，这个朋友跟一个说自己连续十年收益跑赢市场的投资人没有区别，为什么？

这就又要说到随机性和高尔顿钉板了。虽然大多数小球落在中间，形成了正态分布，但一定会有小球落在两旁。当你的样本是一万个专业投资人时，其中一部分人业绩优秀就是必然事件。但这也许和他们的投资技巧并无太大关系，出现这个结果，完全是靠运气，他们就是高尔顿钉板中落在了边缘处的小球。事实上，这其实就是为什么更多的专业投资人都没能跑赢市场的原因——只是运气而已。

这个实验告诉我们，在金融领域中，运气和技巧的作用很难分开。首先，随机性的本质会使所有对成功的衡量标准都不再可靠。其次，根本无法分辨哪些是真正被承担了的风险。所以对承担风险的回报期望的理论值也不再明朗。最后，现在有许多证据表明，考虑到资产管理者的佣金的话，少有人能一直跑赢市场。

最后一条就是所谓的“有效市场假说”，连续跑赢市场就算存在可能性，也接近于零。这个假说今天并不太被人认可：其一是因为市场震动；其二是因为许多专业投资者在努力说服人们这不是真的，而且有效市场的理想化公式——所有有效信息都已经加入了定价——是绝对达不到的。但这个观点却很好地支持了那个更周密的概念——一直跑赢市场并创造阿尔法收益非常难。

所以，这种将市场表现完全归功于自己努力和能力的大男子主义，应该做出改变了。而所谓金融固有的论功行赏性质带来的优越感也是没有道理的。如果非要说的话，没有什么工作比金融领域更容易将运气当作能力，将失败当作杰出了。

事实上，我们眼里的金融绝大部分都是如此。过去三十年来，对于另类资本产业的巨大增长，我们的资本市场一直没有给予应有的重视。这种发展是基于这样一些理念：有些投资方，比如对冲基金、私募股权基金、风险投资基金，是真正需要技巧且能创造阿尔法收益的，而阿尔法收益正是这些投资收益的基础。它们的收益结构，也就是所谓的附带权益，其实取决于它们的表现，所以，只有表现优异，它们才有收入。

当然了，现实很骨感。数据表明，平均来看，这些投资者的回报并没有达到平均水准，而且证明他们投资能力的证据无一例外并不长久，也许除了这些基金中的前10%。而且基于普通标准算出的报酬，并不能很好地反映出他们所承担的风险。同样，管理层薪资水平合同中规定的、单纯地通过股价的表现判断管理者的水平也是错误的。金融市场中，想在短期内（十年以下）将技能和运气分割开来几乎是不可能的。经济中大笔大笔的报酬并不能反映这个现实，而且很大程度上助长了收入的不平等。

金融用很简单、直白的方式，警告了我们不要将业绩归功于努力和技巧。运气是在生活和工作中都没有得到应有重视的重要因素。金融教给我们的就是谦逊——就像约翰逊和弥尔顿一样。天资的寓言中最残酷的部分——还有许多金融从业者的冰冷世界观——都是可以被调和的，只要谦逊、为人慷慨，并且对生活中的运气存有一份敬畏之心。

估值的逻辑就是管理与义务的逻辑，回报要大于投资，为后代服务，而且要理解成果不等同于付出。从哲学角度看金融的估值理论就顺理成章了，我们不都在努力创造价值吗？金融对价值的探寻，就是我们对生存意义的求索。

在本章开篇，我们从词源的角度看了“天资”这个词，引出了对金融的探讨。在这里，我们还是从词源的角度上，从“金融”引出对生存意义的思考吧。当我问学生们金融的意义是什么时，他们总回答我“财富”。事实上，金融的语源是拉丁词语“finis”，意思是“结算或者结款”，就是偿清最后一笔款项，结束债务的意思。“金融”这个词语第一次出现，是在中世纪故事《贝林的故事》中，这个故事经常被编入乔叟的《坎特伯雷故事集》。故事里，有一个人物思考人生时说：“改过才能自新，这才叫偿清。”简而言之，履行并完成自己的义务，才能得到救赎。

审判日降临之时，你偿清了吗？

The
WISDOM
of
FINANCE

第四章
成为你自己的制片人

在林－曼努尔·米兰达的《汉密尔顿》之前，就有了梅尔·布鲁克斯的《金牌制作人》——2001年百老汇热门音乐剧，由内森·连恩和马修·布罗德里克主演。是的，《汉密尔顿》在2016年创下了十一项托尼奖的好成绩，但还是没有打破《金牌制作人》十二项托尼奖的传奇纪录。在《金牌制作人》出音乐剧之前，就有了1968年的电影版——一部由布鲁克斯编剧、导演的原创喜剧作品。

电影中，泽罗·莫斯特尔饰演马克斯·比亚利斯托克——一个过气的百老汇制作人，如今却已没落到用纸壳当皮带的地步。比亚利斯托克哄着有钱的贵妇为他的新作买单，但他一心渴望回到在戴尔莫尼科餐馆用餐、穿昂贵西服的日子。里奥·布鲁姆，由年轻时的吉恩·怀尔德饰演，是一个谦逊、天真的会计，他走进比亚利斯托克的办公室，误打误撞地想出了一个好主意。

比亚利斯托克和布鲁姆决定将音乐剧的股权卖给那些天真的投资者，远远超出了制片所需的百分之百股权。筹集到远超需求的资金后，比亚利斯托克和布鲁姆再找到世界上最烂的剧本、导演和演员，拍一部最烂的、一定会被立刻停播的电视剧。因为不会有利润，投资人只能认赔，而且也只能将亏损归罪于百老汇的恶评。之后，比亚利斯托克和布鲁姆将带着剩下的资金潜逃里约热内卢，投资人永远不会知道他们拥有这部失败之作25000%的股权，因为不会出现可分配的利润。只要没有利润，比亚利斯托克和布鲁姆就没有责任，而且显然，创造一部失败的作品比创造一部成功的作品容易多了。

他们拍的是《希特勒的春天》，一部可怕的、带有冒犯性的拙劣之作，比亚利斯托克和布鲁姆对它首映之后就会直接下映的未来胸有成竹。而观众们一开始确实感到被冒犯，有些不知所措，但最后决定将它解读为恶搞，还觉得很搞笑。结果，《希特勒的春天》十分卖座，毁掉了比亚利斯托克和布鲁姆的大计划。最后一幕中，比亚利斯托克和布鲁姆在监狱里依然故技重演，超额售卖他们的新片《爱的囚徒》的股权。

到目前为止，我们讨论了风险、回报，以及投资者的投资动机，但还没有讨论投资者如何、为什么能得到回报。也许这个问题看起来不值一提，因为答案很明显，他们拥有公司或者某产品的股份，所以当然也理应分享利润。但《金牌制作人》抓住了金融中的一个重要特点——投资人拥有的权利很少，而且对投资过程其实了解甚微。

所以问题就变成了——引用经济学家安德烈·施莱佛和罗伯特·维什尼的话——为什么“投资者能获得收益。毕竟，他们和自己的资本分离，而且对其后的投资过程并没有多少贡献。管理公司的专业管理者和企业家还不如直接携款潜逃”？换句话说，为什么资本主义没有演变成无尽的系列诈骗？为什么不是所有企业家都像比亚利斯托克和布鲁姆那样？鉴于投资者们面对着将资金投给了投机者或者纯粹的诈骗犯的风险，为什么还愿意投资？

这些问题的答案阐释了现代资本主义的核心问题——委托与代理问题。而理解这个问题，为我们提供了一个很有效的理解人生的方式。

很久很久以前，资本主义很简单。想想一百年以前：商人、农夫和店主，各自有各自的生意，每天管理着各自的生意。是的，当然还有其他的，包括奴隶制和君主在商业行为中的角色，但我已经暗示了，这是个童话。

随着商业发展，企业的规模也在扩大。规模的扩大就需要资本主义从根本上做出相应的改变。让某个人做企业的唯一所有者的情况就无法继续了，一个企业需要大量融资才能持续发展。而随着企业所有者的数量增加，有一点很明确，那就是经营生意的责任不能再和以前一样由企业所有者承担了。所以到了今天，以前企业由所有者经营，现在将所有者与管理者分开了。

举一个简单例子，苹果公司最大的个人股东是首席执行官蒂姆·库克，但他也只拥有苹果公司 0.02% 的股权。就算是持股最多的共同基金，所占有的股权也不超过 10%。苹果公司有成百上千万投资人，都决定将经营苹果公司的责任交给管理者，而且这些投资人都希望管理者将投资人的利益放在第一位。

对于金融经济学家，这种企业发生的，也就是众多所有者将管理权限交给专业管理者的转变，和亚当在伊甸园吃掉智慧果的隐喻相类似，它代表了天真的结束、现代世界的开始。

为什么这种转变这么重要？

拿伟大的同笑乐（TootsieRoll）棒棒糖——美国第一个单独包装的一分钱糖果来说，1896 年创建的公司现在还是上市公司，并且拥有了更多其他糖果，包括夹心棒棒糖、水果糖，还有我最喜欢的薄荷软糖。2015 年 1 月，公司的首席执行官突然去世，股东做何反应？有服丧期吗？因为无法确定谁将接管公司，出现过恐慌的大抛售吗？

事实上，股价还上涨了……七个点！什么？为首席执行官之死而高兴吗？事实上，这种反应很正常。首席执行官突然死亡必然会引起强烈反应，而且通常是积极的反应。为什么会如此？如果用奥卡姆剃刀定律就会得出一个简单结论——股东因为首席执行官的死亡而高兴。但他们不能直接开除他吗？他难道不是为股东服务的吗？

对首席执行官突然死亡的积极反应，除了有点瘆人的喜悦，还有展现出来的所有者将管理权交给管理者时必然出现的问题——管理者并非总是听从股东命令的，所以股东又要拼命控制管理者。这是企业中常见的一个管理问题，也证明了委托与代理问题的存在，而且它还是现代资本主义的基本问题。

你在生活中一定也遇到过这种问题。只要和承包商、律师、医生或者任何为我们服务的人打交道，就一定会遇到这个问题。这些情况下，我们（委托人）指派某人（代理人）代表我们做某事（盖房子、打官司、治疗疾病）。这个问题有两个层面：首先，也许他们是有理由帮助我们的，但他们一定也有自己的考虑（养家糊口、想提前下班等）；其次，我们没法确定他们是否在替我们服务，我们总不可能随时监控他们，而且他们在相关服务上可能知道的比我们多（我知道我的房子用的混凝土好坏吗？我真的能判断我是否需要做核磁共振检查吗？或者，去哪一个核磁共振检测中心？）。

现在想象一下，这种问题以更大的规模伴随着给众多企业投资数十亿资金出现。这些企业里，股东们无法监控管理者，管理者对企业运营的了解又绝非股东能比的，这就叫作信息不对等。你怎么就知道蒂姆·库克所用的策略正确？你怎么知道蒂姆·库克工作是否努力？这些问题是没有办法真正确定的。管理者们也并不邪恶，只是有时候，他们也有自己的计划，只不过和所有者的期望可能不太一致。可能蒂姆·库克会用股东的资金建立新总部，大大提升办公环境的舒适程度，并享受员工们的爱戴？如果他这样做了，把自己的利益放在众多股东之前，也是人之常情。所以，现代资本主义的博弈，就是在管理者有自己的打算而股东又无法监督的条件下，寻找让管理者为股东的利益办事的方法。

在同笑乐糖果公司的案例里，股东在质疑首席执行官没有把股东的利益放在第一位。糖果行业进行了快速整合，以应对超市和其他食品公司的冲击。在货架上占有一席之地越来越难，成本也越来越高，所以糖果公司也在为了提高竞争力而扩大规模。许多公司都对同笑乐糖果公司表现出了很浓厚的兴趣，并且提出了一个就当时的股价来看相当慷慨的价格。但是同笑乐糖果公司的首席执行官不愿意接受，虽然公司的销售业绩多年来毫无起色，而且许多投资者也希望他能接受这笔交易。那么为什么首席执行官不愿意接受呢？

部分原因，也许是因为首席执行官清楚，卖掉公司他也就失去了工作——这份年薪 800 万美元，包括每年公司花 120

万美元租的私人飞机，每周末可以从马萨诸塞州接他去芝加哥的工作。考虑到公司的年收入也不过5亿美元，这可是一笔很大的开支了。蒂姆·库克的年薪也有数百万美元，但他的公司年收入可达1500亿美元——那可是同笑乐糖果公司的300倍。

随着20世纪以来公司规模的巨大增长，确认管理者在为自己的工作尽心尽力的动机的问题——经济学中，我们叫作激励一致问题——已经成了重中之重。这正是21世纪初的那几件企业管理丑闻（记得安然公司和世界通信公司吗？），还有经济危机爆发前各种金融机构的信贷繁荣和过高财务杠杆作用的来由。管理者经常会问自己：为什么不借给其他没资格贷款的投机房地产买家呢？今天就能得到手续费，从而增加我的工资，等不良结果暴露时，我早都离开这家公司了，这样多好。2016年的美国富国银行集团丑闻就是又一个激励不一致问题的例证，而且最终带来了巨大的社会价值损失。

这一百年来我们也在不断尝试各种办法解决这个问题，该如何解决？从个人方面，一般我们靠名誉——承包人、律师、医生等重视名誉的个人职业——来保护自己，也可以依赖专业行为准则。两种原理都能运用于金融中，但这些方法并不完美。比如，《希波克拉底誓言》就能保证医生不会因为自己是某家诊所的合伙人，而要求患者去那里做其实并不必要的核磁共振检查吗？如果需要十多年才能确定一个首席执行官的某项决策到底是否正确，这个判断还有用吗？说不定那时他早都跳槽了。

“代理理论”就是解决金融中潜在的激励不一致问题的方法。不幸的是，这些方法都不是万能的，它们又会引出新的问题。我们找到的解决委托与代理问题的最好方法，就是股权激励。如果管理者也持有公司股票，股东的利益也就成了管理者的利益，不一致问题就解决了。但是，根据这四十年来的无数实验，得出的结果却有好有坏——这还是好听点的说法。是的，也许管理者是和股东的利益一致了，但又出现了新的问题。谁有权决定管理者能得到多少股权？理论上，应该由公司的董事会决定，但是实际上，好像从来都是管理者自己决定拿多少股权，而大家都没什么异议，因为这不是真钱，或者说，不是现金。更危险的是，当管理者准备卖掉股票时，就有了奇怪的动机，让他们为自己的利益去改变公司的绩效。简而言之，他们有了为提高当下的公司业绩，牺牲未来长远利益的动机。

我们在资本市场中得到的，大多都是其他解决委托与代理问题的方法。为什么大型维权对冲基金会通过收购股权的方式，要求公司做出变革，给公司制造问题呢？当对冲基金做空公司时又怎样？这些基金其实是为分散开的所有股东提供了领导方向——他们可以监控管理者，迫使他们做正确的事。而这些邪恶的卖空者也许正是在追求真相，因为他们的行为实际上能有效地揭穿想进行诈骗的管理者。而这些卖空者也成功过，比如安然公司、营利性大学等。许多人视他们为吸血鬼，专门从企业获取价值，但也可以认为，他们在解决一个深层次的问题。

同样，私募股权基金，比如KKR集团或者黑石集团，就建立在他们身为股东时，能够创造价值的基础上。他们为委托与代理问题提出了一个新的解决方案，那就是用集中所有权代替了公共资源市场的分散所有权，从而能更好地管控管理者。投资初期，公司的风险投资人尤其可能会面对这个问题，于是，他们采用了一些很有意思的工具，比如"可转换优先股"，将自己的投资分成了许多小块。这些金融工具的属性，就是专门为更好地管控企业家，确保他们与投资人追求的目标一致而设计的。

很不幸，这些所谓的"解决方案"也有其自身问题。维权投资者和卖空者获得报酬的方式，包括允许他们分取部分短期收益的合同，这样的合同就会导致他们将短期收益置于长期价值之上。私募股权基金看起来也许好些，但这些投资者的薪酬也建立于类似的合同之上，这些合同提供了在特定时期收获投资回报的激励。而且私募股权基金投资者通常最终会推动公司上市，于是在公开发售之前，他们利用自己的信息优势，又开发了一系列可以从中获利的新游戏。

这些维权投资者和私募股权基金投资者都是他们代理者

的委托人，但他们自己本身又是其他一系列委托人的代理人！这些投资者都是大型退休基金和捐赠基金的代理人，其工作就是保护这些资本的安全，并创造收益。对了，这些基金，作为这些投资者的委托方，其实又是大众的代理方，为我们储蓄、管理退休金。简而言之，资本市场成了一个由“委托—代理”合同组成的合同链，每一环都有严重的问题和冲突。

回过头来再说苹果公司。2013 年，蒂姆·库克遭遇了一场由大卫·艾因霍恩和绿光资本公司引发的叛乱，因为他们希望库克释放苹果公司内部堆积的大量资金。库克和他的前任 CEO 史蒂夫·乔布斯都拒绝释放这笔现金。艾因霍恩，就是库克的委托人，让他的代理人库克将这些钱分给股东们。但艾因霍恩自己本身又是负责创收的国家养老基金的代理人。而我们将存款投资给了国家养老基金，并且指派这些基金管理者代替我们管理我们的财富。这是一个“委托—代理”关系链——我们（最终委托人）通过养老基金（我们的代理人）存款，而这些基金，又指派了大卫·艾因霍恩（养老基金的代理人），大卫·艾因霍恩又指派了蒂姆·库克（大卫·艾因霍恩的代理人），蒂姆·库克又指派了乔纳森·艾维（以苹果公司首席设计官的身份成了库克的代理人），而乔纳森·艾维委派了……你看明白了吧。一旦你理解了“委托—代理”关系链，就不难看出，这种关系存在于生活中的各个角落。

很大程度上讲，今天对资本主义的缺陷的讨论，很多都是从金融和代理理论角度入手的。对有些人来说，最大的问题是代理理论的支持者做得太成功：管理者现在只在乎他们的股东！他们也该在乎工人、消费者和环境。如果管理者能再开明些，不把利润当作唯一重要的事，那这个世界就能美好很多。

对其他人来说，最大的问题在于，我们对代理理论的内化程度还不够到位，管理者们经常作弊，而没有将心思尽可能多地放在为所有者创造价值上！有的管理者放弃长远价值，只追求短期利润；有的投资者过度冒险，只因为得到了错误的激励；还有养老基金因为没有投入什么心思，多花了很多冤枉钱。

到底谁对谁错，这不是本书讨论的问题。但是，就这本书来讲，还是值得把同笑乐公司的故事再拿出来谈一谈，这个故事能告诉我们这个原理和我们生活的关系。其实，这个故事还有我没讲到的内情。去世的那位首席执行官，梅尔文·戈登，入赘了鲁宾家族——该公司以前就是鲁宾家族的家族产业。梅尔文·戈登做首席执行官超过 55 年了（他去世时 95 岁高龄），而且多次拒绝卡尔·伊坎——一名臭名昭著的恶意收购者的提案。卡尔·伊坎一直想把公司卖给一个更大的糖果公司，比如玛氏公司或者好时公司。戈登和鲁宾家族在公司中控股很多，但关键是，他们通过有额外投票权的股权控制了公司，所以可以说，公司是由他们大权独揽的。

所以，这个故事的第一个版本——不负责任的首席执行官无视股东意见（代理人不满足委托人的目标）——其实太过简单了。戈登家族本身就是一个大股东，而且家族本身有自己的计划，而这个计划，才是首席执行官在努力完成的。此外，戈登/鲁宾家族感觉伊坎和其他股东的计划并非对他们家族在乎的所有公司成员都有利：卖掉公司也许会导致长期合同工的失业；重新选址可能会伤害到多个社区的利益，而且品牌的改头换面有可能让消费者失去了喜欢的糖果。而相反地，伊坎则认为，戈登/鲁宾家族自私地滥用他们的投票股权，不在乎其他股东的利益。

结果是，同笑乐糖果公司案例中的委托方（股东们）意见并不一致，而代理方（首席执行官）也许是有自己的私心，也许是为了满足他的委托人（他的家族股东和其他公司成员）的要求在行事。还有更复杂的，伊坎还是他所代理的养老基金和捐赠基金的代理人。伊坎这时（作为代理人）希望卖掉同笑乐糖果公司是为了他的委托人（养老基金的投资人）的长期利益着想，还是为了他自己的私心——以提高短期利润来证明自己过往的业绩从而吸引更多基金的管理权呢？

同笑乐糖果公司这个复杂的故事告诉了我们什么？的确，“委托—代理”结构是个能帮助我们理解资本主义的有效结构。但是，这个结构产出的并不是一个简单明确的、是非分明的答案。事实上，情况可能非常混乱。委托方有可能成分复杂，也有可能有自己的私心（也就是说，首席执行官应该为哪部分委托人负责），代理人是有私心还是忠心不贰，也很难分辨（也就是说，首席执行官的决策是否正确）。有时候，有些看似是代理人的人，实际上也是委托人（也就是说，首席执行官也有可能还与其他机构有“委托—代理”关系）；而且有些人看似是委托人，实际上却也是有“委托—代理”问题的某些机构的代理方（也就是说，投资人本身就是动机有问题的代理人）。

欢迎来到现代资本主义的乱象世界！所以，回到最初的问题：现代资本主义的问题是什么？答案是：它太复杂。讨论我们的金融市场是如何具有欺诈性和不透明性的长篇大论，也许其实并非全无道理，但他们没有点明复杂性才是需要我们极力解决的金融市场的问题。

“委托—代理”结构是一个高倍放大镜，有助于我们理解现代资本主义的混乱和金融在其中所扮演的角色。“委托—代理”结构能帮助我们理清楚我们最该扪心自问的资本市场的核心问题究竟何在。而且，我们在面临生活中的混乱时，它们也出人意料地极有帮助。

我发现“委托—代理”放大镜能在四个维度上帮助我们

更有效地理解生活的混乱。首先，最明显的一点就是，在职场中，“委托—代理”放大镜是指引我们理解自己所扮演角色的有效工具：当我们作为上司时，我们是否成功地引导下属自觉地完成任务？当我们被指派了任务，我们是按照上司的意愿努力完成，还是在某种程度上为私心服务？其次，我们在家庭中的角色也能构成“委托—代理”结构，虽然我们真实的角色会随着年龄转变，进入抚养孩子、照顾老人的角色里。

前两种情况涉及的是我们和某些特殊人群的关系，接下来的两种就是讲我们该如何基于过去的经验，应对人际关系及社会期望了。我们是开诚布公的委托人，还是有秘密私心的委托人？每个问题，就像现代资本主义的混乱一样，都可以借用“委托—代理”放大镜，不是为了得到一个结论性的答案，而是为了明白自己该问什么问题。

在我尝试教学生涯中新的挑战时，曾经尝试教过领导学和组织行为学。我最喜欢讲的一个案例——连金融学教授都爱不释手的好案例——就是关于一个拿到 MBA 的年轻有为的高管，如何在职业生涯中平步青云，现在却遇到一个比他资历老的不按照高管意思行事的下属。这个案例的背景就很丰富，包括那位高管与下属沟通意见的方式等。一般我都会从一个投票展开我们的讨论，问学生他们会选择哪个解决方案：（1）

开除下属；（2）继续想办法指导下属；（3）创造类似职位避开与该下属合作。当我让学生们按照自己的选择进行角色扮演时，明明脱口而出的选项，他们实际操作起来却突然困难重重。

但从这个案例中能学到的最有意义的一点是，最终应该意识到，问题并非出在下属身上。各种细枝末节的证据贯穿着案例，但学生们一般不太注意，一般需要四十分钟左右才能有人意识到真正的问题所在。问题其实在于，这个年轻有为的高管总是将一些责任交给下属，又在下属完成任务的过程中不断拆他的台。结果就是，下属感到挫败，失去动力，最终辞职，改行。

这位年轻有为的高管后来得到了应有的惩罚（在后续案例中），因为他的上司发现了他过于强烈的控制欲。与代理人建立良好的委托关系是管理的重要基石，但这位年轻有为的高管显然并不擅长此事。他因为代理人无法完成他下达的任务而惩罚他们，但同时，其实他又在悄悄地不让代理人完成任务。

讲这个案例时，学生们似乎很容易将自己代入年轻有为的高管或者下属的角色中。因为这案例让一些学生想起了他们作为代理人时，也陷入过面对过高要求和资源匮乏的困难处境。另一些学生则想起了亲身经历过的无法很好地与能帮助自己的人合作的经历。从某种意义上讲，职场就是“委托—代理”问题的合集——判断委托人的要求是否合理，与判断代理人是被剥夺了权力还是本身能力不够同样重要。就像案例中的高管和我班上的学生，我们总不自觉地倾向于认为问题不在我们自身，而“委托—代理”放大镜告诉我们，事实有时候是很微妙的。

我父亲去世之后几年，姐姐和我讨论了母亲的生活安排。我母亲有一个可靠、体贴的护工，但她的生活却日渐孤独。我们担心独居生活最终会导致她心情抑郁，难享天年。姐姐和我住得很近，很快我们想到，可以让母亲也搬到附近来住，这样她也能更容易见到自己的孩子们。这就是那种想到以后，你会疑惑自己怎么没早点想到这么好的办法的情况。这样她只要打个招呼就能见到我们，她的生活也不会愈渐孤独下去了。

我向母亲提出这个提议，她的反应却很慎重。我提出了所有我能想到的优点，再次请她考虑。她却依旧拒绝，于是我继续坚持。最后，她的这句话打消了我的念头：“但我在这个家里还能感觉到你父亲的痕迹。我不想离开他。”她很清楚什么话能让我放弃，我也确实放弃了。

姐姐和我重新开始讨论。我们很确信，母亲喜欢新的安排，她只是一时不能接受改变。一旦她真的做出了改变，我们相信她肯定会开心。我们琢磨着要更加激进地推进我们的计划，因为我们知道，最终母亲还是会妥协的。

随着我们对计划的继续讨论，我渐渐想到，也许她就是不觉得和她的孩子们住得近这件事有多么重要。也许相比我们为她设计的生活，她更喜欢自己现在的生活。更糟的是，我意识到，在我们的计划里，我们考虑更多的也许是我们自己的愿望，而不是她的。让她搬得近些，会让我们的生活更容易，而姐姐和我也希望孩子们可以多和她在一起。

我们是不是在以她的利益为名，为我们自己谋取利益？我们真的是在做她的忠实代理人，还是想将她变成我们计划的代理人，从而提高我们自己的生活质量？同时，她是否在为自己做一个合格的代理人也有待商榷，因为她的拒绝，或许只体现出了她认为的变化成本，而没考虑到未来的新生活带来的利益。最后，除上述因素之外，我父亲会希望我们为她做什么我们也无从知晓。很大程度上讲，他其实是一个我也想取悦的、隐藏的委托人。但我们没看清这些因素前，情况一度陷入混乱，因为委托人假装代理人的角色，而隐含委托人的意图无人能知。

类似的问题，在抚养孩子的过程中也有发生。大多数父母，包括我自己，都倾向于把自己当作孩子们的忠实代理人。我们希望孩子们“充分发挥自己的潜能”，成为“最好的自己”。当我们这样说时，我们实际上只是把孩子们当成了我们需要帮助其实现自我价值的委托人而已。

但在实践中，我发现这种对养育的认识极为肤浅。这种方式不可避免地将孩子们推上了完成我们意愿的代理人的位置。有时候，这种变化是无意识的——孩子们已经习惯了能反映父母喜好的选择，之后才是这些偏好的内化。他们更倾向于选择父母的工作，享受父母喜欢的事物，相当于从大众中随机抽取的样本。事实上，对我们很多人来说，养育子女的首要任务，就是将我们自己的价值观传达给我们的孩子——果真如此的话，养育子女的过程中谁才是代理人，谁又是委托人？

有时候委托与代理的角色转化就不是这么单纯、自觉的了。许多父母的初衷是好的，但错误在于将自己未实现的梦想或者愿望强加于孩子。这种情况，我们假装自己是孩子们梦想、潜能的代理人，而实际上，我们才是委托人，想强迫我们的孩子兼代理人按我们的意愿成长。

“委托—代理”的放大镜不能指引我们正确的方向，但它可以让我们意识到情况的复杂性，意识到我们跟自己讲的工作、家庭生活的故事，有时候是根据我们自己的目的而改编的。对我们自己的委托人角色随时保持清醒、诚实的意识，也许能让我们成为更好的同事、配偶、家长和子女。

我数过，在爱德华·摩根·福斯特的《看得见风景的房间》中，“混乱”及其近义词出现了高达十九次，其实本章里我也用了八次了。事实上，福斯特的这个故事讲的就是一种混乱——我们是该选择实现社会期望，还是追求我们自己真正的愿望。这对我们来说很困惑，因为我们并非总是清楚，做出这些选择的真正原因是出于我们自己的意愿，还是社会期望？我们是社会期望的代理人，还是忠实于我们自己的委托人？

露西·霍尼丘奇是一位年轻女子，她的爱情与激情都在一次去佛罗伦萨的旅途中献给了乔治·爱默森，一个特立独行的哲学家似的男人。回到英国后，她按捺住自己的感情，服从了社会期望，与塞西尔·维斯——一个无聊、呆板但社会地位高的英国绅士订了婚。露西发现她陷入了困惑，她不确定自己对塞西尔和乔治的感情，也不确定自己在追求的是谁给她选择的什么样的未来。

最终，乔治的父亲对露西一直以来的烦恼做出了正确判断，并直言露西一直否认的事实。乔治的父亲说：

> 亲爱的，我很担心你。我认为你陷入了困惑……相信一位老人的经验之谈吧，世上没有什么比困惑更糟糕。面对死亡、面对命运和面对可怕的事，这些都是易事。现在我带着恐惧回首我曾经的困惑，回首曾经那些或许我其实一直在逃避的事……虽然生命奇妙，但也很艰难……我的一位朋

> 友曾在信中给我写道："生命，就是一场小提琴公演，而你只能一边演奏一边学习。"我认为他的描述很准确。人只能在生活中学习如何去生活——尤其是爱情。然后他直白地喊了出来："没错，我就是这个意思——你爱着乔治！"

在事实面前，露西很震撼，很抵触，但她清楚，其实乔治的父亲是对的。她一直在为社会期望而活，却忽略了她自己的心声，才陷入生活的困惑。

艾丽·卢娜在她想象丰富、轰动一时的博文，也就是后来的《这就是我背叛自己的方式》一书中，也表达了类似的情绪。她将我们的生活描述为一系列连续的十字路口——为什么"应该"走的路有诱惑力却又不称心："'应该'是别人认为我们应该表现给世界的样子——我们所谓的应该如何思考，应该如何说话，应该做或不做的事，是别人加于我们的诸多期望。"那是我们大多数人都会做出的安全选择，也是卢娜曾经的选择，不加思考。而且这也是露西·霍尼丘奇本来的打算：成为社会期望的代理人。

对卢娜来说，拒绝所谓"应该"走的路，才能走上我们"必须"走的路："'必须'才是我们真正的自己、我们的信仰、我们独处时诚实面对自己所做出的选择，以及最真实的自我。它服从我们的直觉、期盼和渴望，是我们生来就该做的事、该有的位置和该信奉的理念，是从我们心底深处生长出来的直觉。必须是我们不再妥协于别人的理念，开始追随我们的心意的选择。”换句话说，“露西，选择乔治”，别再做社会期望的代理人，做你自己的委托人。

“应该”和“必须”之间的矛盾，不仅在《看得见风景的房间》中有所提及，在更早的文学作品中也有所涉猎。事实上，《金牌制作人》中的里奥·布鲁姆，也许你已经猜到了，他的名字就是取自詹姆斯·乔伊斯的《尤利西斯》中的利奥波德·布卢姆。梅尔·布鲁克斯给出了（至少）两种解释。轻率一点儿的解释是：“我不知道对詹姆斯·乔伊斯来说意味着什么，但对我来说，利奥波德·布卢姆就是一个脆弱的鬈发犹太人。”

与之相反，布鲁克斯是一名认真的知识分子，敬畏文学，早年也曾当过小说家。他选择利奥波德·布卢姆这个名字，反映出了他对文学的喜爱和自我实现的主题。对布鲁克斯来说，在任何故事中，主角都需要蜕变，需要逼迫他们升华自己的经历，之后蜕变。所以里奥是要蜕变的，他要绽放。一开始，他是一个社会崇尚什么他就崇尚什么的人……但在里奥·布鲁姆心里，有一个更复杂更多变的人——一个他因为畏惧冒险，从来不敢成为的人。他本来只想中规中矩，一直到老，直到他遇到马克斯……他们互相催化了对方……这种变化巨大到让这个天真的人产生了一个通过制作一部绝对失败的作品，向一群老妇人提前卖掉250倍的股权来大赚一笔的想法。

布鲁姆站在了人生“应该”和“必须”的十字路口，而比亚利斯托克帮他选择了“必须”和随之而来的后果。生命的意义之一就是挑战极限——对我们期望的极限、我们所拥有的极限，以期在这过程中找到自己。就像乔伊斯在以利奥波德·布卢姆为主角的《尤利西斯》中所说：“名字代表什么？代表童年时代别人告诉我们这是我们的名字，我们落笔时，扪心自问的问题。”我们是在别人的期望中成了代理人——就像露西·霍尼丘奇、里奥·布鲁姆及艾丽·卢娜那样，只能困在他们被定义的世界里——还是成了自己的委托人？我们能闯出一番名堂吗？

在《金牌制作人》中，《希特勒的春天》的剧作家——一个有明显同情纳粹倾向的德国人，想庆祝被比亚利斯托克和布鲁姆买下的剧本。他建议他们敬“史上最伟大的人”一杯酒，但又因为“隔墙有耳”，所以只能悄声说他的名字。剧作家小声说着“阿道夫·希特勒”。本以为比亚利斯托克和布鲁姆也会跟着他说。没想到比亚利斯托克小声道“马克斯·比亚利斯托克”，而里奥·布鲁姆小声说“西格蒙德·弗洛伊德”。比亚利斯托克的话引起了观众的哄堂大笑，但布鲁姆的台词其实更引人深思。

原来梅尔·布鲁克斯对弗洛伊德十分痴迷。他的一些早期作品，包括与卡尔·赖纳合作的作品，以及他1963年获得奥斯卡奖的非凡短片《评论家》，其中有多段心理分析描写。讲述他的比亚利斯托克和布鲁姆的创意灵感时，布鲁克斯说："马克斯和里奥就是我，是我的自我和本我。比亚利斯托克，他坚强，狡猾，有创意；他气势汹汹，野心勃勃，自尊心受到过伤害。而里奥，是一个神奇的孩子。"

事实上，布鲁克斯接受心理治疗多年，一直在和童年时代留下的心理阴影做斗争。他父亲在他两岁时去世，布鲁克斯很崇拜母亲，他说，"要我和她裸泳我也愿意"。扮演那位德国剧作家的演员肯尼斯·马尔斯，还记得布鲁克斯对自己童年时代的描述，马尔斯认为这很有助于理解布鲁克斯。布鲁克斯对他说："知道吗，两岁前我的脚就没有沾过地，因为父母总是轮流抱我亲我，不曾放下过。"马尔斯说道："我认为这是个关键：他对自己的定义就永远是个孩子，能为人带来乐趣的孩子。"

在这个终极版本的"委托—代理"问题中，我们的童年经历成了我们的隐藏委托人，不管我们有没有意识到，都在被它所左右。

似乎所有参与了《金牌制作人》制作的人，都在一定程度上有过左右了他们人生的复杂童年经历。西德尼·格莱齐尔，《金牌制作人》的制作人，就有一段很悲惨的童年。父亲去世后，母亲有了新欢，把他留在了孤儿院。电影成了“我艰难的生活里最愉快最美好的逃避之法”。但心伤却不是很快就能忘记的。他女儿解释说，虽然他“极具魅力”，但最终却还是“无法与人长久共处”。他离婚四次，她认为他性格两极化，因为他“总在自我毁灭倾向和生存下去的意志中摇摆不定”。另一位制片人，好莱坞大亨约瑟夫・莱文，也是个过早失去父亲的可怜孩子，他说自己的回忆里没有“快乐的童年时光”，长大后他经常在办公室为客人变魔术，体验着缺失的童年乐趣。吉恩・怀尔德称呼梅尔・布鲁克斯为“爸爸”，就像布鲁克斯实际上将席德・西泽——为他带来第一次突破的《你的演出的演出》里的天才演员，变成了父亲的代替品。

当我听到这些事后，也分不清是神经质的唠叨，还是更深层次的真心话。我在大学读过弗洛伊德的书，那时觉得他的观点很迷人。但之后又读了彻底推翻他观点的弗里德里克・克鲁斯的文学评论，他向我展示了弗洛伊德的观点多么没有科学性。但我还是觉得这些观点有一定的道理。最近当我向一个同事抱怨另一个同事时（没错，传说是真的，有时候确实会文人相轻），甚至发现自己和其中的描述十分相像。我说，“感觉他就是童年阴影发作”。我们开玩笑说，随着我们年龄的增长，却越来越发现童年经历对我们影响之大，然后我们又继续开始抱怨他了。

精神分析学家斯蒂芬·格罗斯的著作《咨询室的秘密》，激发了我内心深处一样的复杂反应。在这本短篇著作集里，格罗斯写了许多关于他的患者和他们问题的简短案例研究。一方面，每个案子归根结底，似乎都是患者成年后因为童年的不幸或者某些记忆而引发了问题——一切似乎都那么宝贵，而“正因如此”却完美到不真实。另一方面，这本书又通过他的患者和他们的困扰让人产生了新的理解和共鸣，每个案例都能让你感同身受。

在彼得——一个无意识破坏友谊和爱情的年轻人——的故事结尾，格罗斯总结道：“凯伦·布里克森（笔名是伊萨克·迪内森，《走出非洲》的作者）说过，‘再大的悲伤放进故事里，也变得可以忍受了’。但如果一个人无法讲出他的悲伤呢？如果是他的故事造就了他呢？经验告诉我，童年经历留给我们的，通常就是这种故事——这种我们无法倾诉的故事，因为没人能告诉我们这些故事该如何讲述。当我们找不到讲出这些故事的办法，这些故事就会一直一直循环在我们脑海里——我们会梦到它，会产生各种症状，或者我们会发现自己做出一些自己也无法理解的行为。”

对我来说，这本书告诉我，我们成年后遇到的许多问题，其实是童年时期没有放下的经历造成的。作为成人，我们在不知不觉中成了抽象经历的代理人，而成年的大部分时间，其实都用来意识到，事实上，我们就是这些抽象经历的代理人了。最终我们要做的，就是不要无意识地成为他人的代理人——意识到这些束缚我们的过去，重新成为委托人，有意识地构筑自己的生活。

能说明这点的最好例证，恐怕就是爱丽丝·米勒撰写的《天才儿童的悲剧》一书中的典型人物了。在这本短篇著作中，米勒描述了当直觉型、敏感型的孩子们遇上要求苛刻的父母，他们的生活是什么样的。这些孩子会变得对周围人发出的需求信号十分敏感，因为这些信号一直以来就是他们获得爱的关键。但他们长大后，却无法追求自己的愿望，无法按照自己的意愿行事，因为他们已经太习惯于满足别人的需求。这些孩子长大后，成了典型的代理人，因为需要被赞赏而不停地追求更多成就。但他们却不知道该如何在成年后成为一名委托人。因为他们从来不需要设计自己的生活，所以只会满足别人的需要。按照别人的愿望生活的他们，会发现自己的生活越来越不顺心，越来越感到困扰。他们被困在了代理人的角色里不能自拔，不知该如何成为委托人，然后他们还会让自己的孩子也陷入这个恶性循环中。简而言之，虎妈教出来的孩子就是未来的虎爸虎妈。

演艺圈的婚姻自然是很复杂的。自大、媒体关注和粉丝应该都会让婚姻变得复杂。但不管拿什么标准看，梅尔·布鲁克斯和安妮·班克罗夫特三十一年来的婚姻，都是很成功的，直到2005年班克罗夫特去世。班克罗夫特，一位才华横溢的女演员，以其对《毕业生》中鲁宾逊太太的成功诠释而闻名。她凭借在《奇迹缔造者》中饰演的海伦·凯勒，捧回了奥斯卡和托尼奖两大奖项。后来，她不仅做演员，还当过制作人、剧作家。更重要的是，她能和布鲁克斯生活这么多年，简直是达到了圣人的标准。

谈到创作和演绎的区别时，班克罗夫特给剧评家肯尼思·泰南讲了这个小故事："有天晚上，我们排练到很晚。梅尔一天都在家里工作。我觉得很委屈，所以就感叹了一句'当演员太辛苦了'。梅尔拿了一张白纸给我，他说：'这才叫辛苦。'后来我再也没有抱怨过演戏辛苦。"

不提有些贬低表演艺术这一点，这个小插曲好像还是点明了一个重要的道理的。没错，既要演绎别人创作出来的角色，又要做剧作家的代理人是很辛苦的。但更辛苦的是当委托人，因为你需要从零开始创作出整个故事。西德尼·谢尔顿，史上畅销小说作家第七名（他就很懂得该如何面对白纸），他的这句话也许就是从梅尔·布鲁克斯（或者弗洛伊德）那儿来的："白纸就是上帝用来告诉我们当上帝有多么难的工具。"创造出我们就是个奇迹，而且幸运的是，我们能用来实现从代理人转换成委托人的时间不止七天。

The
WISDOM
of
FINANCE

第五章

没有金融就没有爱情

要说对华尔街的描述最真实的电影，恐怕要从《大空头》和《华尔街之狼》倒推几十年了。迈克·尼科尔斯 1988 年制作的电影《打工女郎》生动再现了华尔街的善恶的极致——性别歧视、势利、放纵，无一不有，但也凸显了才华、竞争和解决问题的成就感。而且，还有年轻时的梅拉尼·格里菲思、哈里森·福特、西格妮·韦弗和亚历克·鲍德温——附带 20 世纪 80 年代才欣赏得来的服装和发型。

苔丝（梅拉尼·格里菲思饰）是一个来自斯塔顿岛的秘书，急于想在高风险的企业并购游戏里崭露头角。她的上司凯瑟琳（西格妮·韦弗饰），是典型的投资银行家——讲究、傲慢、自私而且虚伪。凯瑟琳的恋人是杰克（哈里森·福特饰），投资银行家中的正面人物，工作努力，而且尽力帮客户解决问题。凯瑟琳在欧洲受伤后，苔丝开始代替凯瑟琳，建议凯瑟琳的客户特拉斯克实业并购杰克的一个客户名下的电台。杰克见到苔丝，并不知道她是凯瑟琳的秘书，他们开始合作策划并购案，直至坠入爱河。凯瑟琳回来后想撤销并购，但特拉斯克和电台、杰克、苔丝都已经不可分割了。

其中最难忘的一幕就是，苔丝藏在衣柜里，同时凯瑟琳正试图与并不情愿的杰克调情。凯瑟琳的声音里有一种只有投资银行家才有的浪漫腔调。杰克迟迟不向凯瑟琳求婚，凯瑟琳不愿再等了，便拉过杰克道："我在想，不如我们也合并吧。想想看，亲爱的，无比幸福的一对夫妇。"虽然这恐怕是史上最不浪漫的求婚了（堪比柯林斯先生的求婚），但她的求婚确实指出了一点，那就是企业并购与两个人步入婚姻殿堂的过程中存在相似性。

只有着魔的投资银行家认为爱情与金融如此相似吗？离开阿特·泰特姆三重奏组合之后，吉他手小格莱姆斯独自继续着音乐之路，继而和查理·帕克搭档，于1944年共同创作了经典比波普爵士乐《金钱之外的爱情》。格莱姆斯的结论十分明确——金钱之外的爱情无法存在。格莱姆斯的这句歌词毫无讽刺，"没有钱就别和我在一起……金钱之外的爱情就是麻烦"。查理·帕克和乐队成员也在背景音里不断重复，支持这个论调："一点没错，兄弟！""那就是累赘！"

五十年后，摇滚乐团小壮举乐队发行了同名新曲，但却反转了小格莱姆斯的观点，提供了更典型的浪漫主义视角。小壮举乐队直接挑战小格莱姆斯的逻辑，用淡淡的语调唱道：

“金钱和爱情有什么关系？……对我来说，金钱面前，爱情永远至上。”

这种情况也并非独有。雷·查尔斯和坎耶·维斯特就有过这种反转。1954 年，雷·查尔斯在他的第一次演唱会上，仿照流行祷告歌《一定是耶稣》创作了《我的女友》，用新的方式融合了所谓神圣和世俗。这首歌里，他歌颂了一位女子纯洁的爱：“在我需要时，她给了我钱。是的，她真是个好朋友。”五十年后，坎耶·维斯特就像小壮举乐队那样，对雷·查尔斯的第一首名曲进行改编，反转了他最初的浪漫格调。

前奏是杰米·福克斯模仿雷·查尔斯，但他的模仿更有警示性，也替换了歌词里的关键字。福克斯唱道：“在我需要时，她拿走了我的钱。是的，她就是个狐朋狗友。”幸运的是，坎耶并没有那么愤世嫉俗。之后他将爱情与金钱上的两种相反的观点融合了起来。他用自己更有劝诫性的建议代替了雷·查尔斯《我的女友》里甜蜜的爱情。被杰米·福克斯模仿的雷·查尔斯的原曲里唱到，在他需要时她给了他钱。坎耶却讲了一个更具警示性的、将她塑造成拜金女的故事。

有时候，我们也许更想相信雷·查尔斯和小壮举乐队歌颂的甜蜜爱情。但是小格莱姆斯和坎耶·维斯特的实用主义论调其实也不无道理。或许在金钱与爱情的关系的问题上，历史是站在小格莱姆斯和维斯特这边的。从文艺复兴时期的佛罗伦萨的金融活动到汽车产业兴起，再到网络时代伊始，金钱和爱情一直有不可否认的联系，而且越来越多的金融故事和并购的智慧，确实可以给如何经营爱情提供一些很好的见解。

为了理解金融、爱情、婚姻和并购的关系，我探访了这几样事物最兴盛的地方——文艺复兴的中心——15 世纪的佛罗伦萨。虽然在大多数人眼里，意大利就是激情和浪漫的象征，但他们却忽略了一个事实，近代银行就兴起于中世纪和文艺复兴时期的意大利，热那亚、卢卡和最重要的佛罗伦萨这几座北部城市亲眼见证了现代银行的诞生。如今依旧营业的最古老的银行，就是锡耶纳附近的西雅那银行，它成立于 1472 年。最著名的是美第奇银行及其家族，他们统治了文艺复兴时期的佛罗伦萨，而且，从许多方面讲，促进了文化觉醒和文艺复兴革命。

当我来到今天的佛罗伦萨国家档案局后，愈加清楚地发现，佛罗伦萨的浪漫气质完全是由金融构建而成的。我从皮蒂宫（科西莫一世旧居）出发，越过维琪奥桥（桥上是著名的瓦萨利走廊，当时的美第奇家族就是从这里渡过亚诺河，同时避免跟平民走在一起），来到了乌菲齐美术馆（美第奇家族建造），之后穿过领主广场（当时由美第奇家族控制的政治机构——今天美第奇雄狮还依旧俯瞰着广场），来到了圣十字大教堂（美第奇私人礼拜堂所在地）。

我终于到达了目的地——佛罗伦萨国家档案局。其原址就在乌菲齐美术馆内，档案局后来移址至一个 20 世纪 80 年代建造的丑陋、野蛮、褐色的畸形建筑内，锈迹斑斑的楼梯悬挂在外面。20世纪80年代，连意大利人也会犯美学上的错误。弗朗西斯卡·克莱因——慷慨地答应与我见面的档案保管员，还好心地为我安排了参观 15 世纪的佛罗伦萨的行程。在这里，有金融和爱情之间的深厚联系诞生初期最巧妙的证明——嫁妆基金，或者用意大利语说，婚配陪嫁基金（Monte delle doti）。

参观一开始，我们见到了几封斯特罗齐家族的往来信件。斯特罗齐家族曾是佛罗伦萨最富有的家族。因为被美第奇家族视为威胁，斯特罗齐家族的所有男丁最终都被流放。之后，斯特罗齐家族的女族长亚历山德拉，多次给儿子菲利波去信，问及他妹妹卡特琳娜未定的婚事。弗朗西斯卡解释说，在当时，婚姻是一个家庭最重要的大事，因为对商人家庭来说，婚姻就是扩大、巩固生意和势力的关键。实际上，婚姻就是创建商业联盟。

16 岁的卡特琳娜的婚姻大事尤其成问题，弗朗西斯卡解释说，因为她的家族都在流放中，因此，整个家族也被打上了不光彩的印记。最后的一封信中，亚历山德拉高兴万分，因为马尔科·帕伦特最终与女儿定下了婚期，而且还有 1000 弗罗林作为嫁妆。嫁妆（由新娘家支付新郎家）是佛罗伦萨社会制度的重要传统。弗朗西斯卡还给我展示了记录着 15、16 世纪佛罗伦萨所有嫁妆的记录。

婚姻的重要性和嫁妆的传统，加上一些其他因素，最终导致了嫁妆基金的产生。嫁妆基金——早期金融工程的壮举——解决了表面上看来似乎毫无关系的三大问题。其一，女方家长面对的婚姻市场中，年轻女子的数量远超合适的年长男性，导致这个状况的部分原因是瘟疫。这个状况引发的其中一个现象就是嫁妆金额骤增，为女方和家长带来了更多风险。没有足够的嫁妆，等待一个女孩的则是去做修女或者妓女度过余生。举个例子，弗朗西斯卡向我展示了一份嫁妆，夫妻双方分别是保罗和玛格达莱娜，嫁妆的金额为 833 弗罗林。还有一位女子，名叫玛格丽塔，向一个修道院付款 50 弗罗林，才有了进入修道院的资格。无法在婚姻市场找到伴侣的成本从各种角度来说都是很高的。

越来越高又无定额的嫁妆金额引起了第二个大问题。随着嫁妆的重要性越来越高，男方也开始愈加担心如何确保能从女方家拿到嫁妆的问题。确实，出现过多起新郎等待数年都拿不到嫁妆的事件。而最后一大问题是，佛罗伦萨政府濒临财政危机边缘。与米兰和卢卡的战争导致佛罗伦萨政府负债累累，岌岌可危。

无定额的嫁妆、新郎对嫁妆无法在完婚时及时兑现的担忧，加上政府不稳定的财政状况，共同催生了嫁妆基金。

1425 年，佛罗伦萨政府开始推行婚配陪嫁基金，允许市民从女儿 5 岁生日开始，以固定利率借钱给政府，十年后这些账户就能获得收益，而他们的女儿也到了婚配的年龄（“瓜熟蒂落”）。账户的资金只能在成婚之后兑换，而且由政府直接支付给新郎。如此一来，政府就有了新的融资工具；家长们也有了能抵御不断增加的嫁妆的保障和存款的预先承诺；新郎也有了拿到嫁妆的保证，而且这保证来自政府，而不是可能会食言的女方家长。

这才叫真正的金融创新。随后，弗朗西斯卡向我介绍了更多与当时的结婚、嫁妆相关的信件，我愈发感到宽慰，因为现在的我们不用考虑嫁妆基金，在美国，只需要考虑 529 教育基金就行了。

不过最初，婚配陪嫁基金并不成功，只有两位父亲参与。11% 的利率并不诱人。而且更重要的是，合同规定，如果女儿在到期日前死亡，家长将失去本金。在当时的高死亡率下，这笔交易对焦虑的家长来说并不划算。但面对与日俱增的财政压力，政府不得不在 1433 年修改了婚配陪嫁基金——如果女儿死亡，家长也能拿回本金，并且将利率提高到了 21%。

嫁妆基金一下火爆起来，成了 15 世纪佛罗伦萨的主要融资手段。在一个人口数量只有五万的城市，一百年来居然建立了将近两万个基金账户。

最终，人们还是发现婚配陪嫁基金不太稳定，就像所有看起来美好到不真实的政府出资的交易一样，婚配陪嫁基金面临着重构……而且不止一次。但婚配陪嫁基金的核心价值不容否认。研究者们认为，这个基金是“这个我们称作城市的机体的心脏”，并且相信，没有婚配陪嫁基金，佛罗伦萨早就“凋零”了（也就是被敌人占领）。婚配陪嫁基金的意义重大，还远不止挽救15世纪的佛罗伦萨于水火这一点。用朱利叶斯·科什那和安东尼·莫尔霍两位研究婚配陪嫁基金的领军学者的话来说：“嫁妆基金是防止统治阶级的集体遗产被分割的主要制度手段，同时还对阶级内婚制具有极大的推进作用。”

这句行话翻译过来就是：嫁妆基金鼓励精英阶层和同阶层人士结婚（内婚制），而不是只要有大笔嫁妆就不管身份，由此保证了精英阶层持久的经济实力，而没有被稀释开来。确实，这些学者指出了一点，就是嫁妆基金通过让精英阶层之间通婚而产生了血缘关系，保证了佛罗伦萨的精英阶层久盛不衰。

嫁妆基金鼓励的是所谓的“选型交配”，也就是说，鼓励个体选择相似个体，而非随机个体婚配。结果就是，精英家族通过婚配和其他精英家族结成了战略同盟，从而巩固了各自的势力。实际上，当时的婚姻就是大家族的合并，而嫁妆基金就是鼓励他们继续这种合并的金融制度。

确实，将婚姻作为经济利益的合并在历史上屡见不鲜。

而且很明显，要保证王权的王室是最常以这种观点看待婚姻的群体。法语的“王者选择”（choix du roi），就反映了对法国王室来说，先有一个儿子再有一个女儿是最佳结果。长子确保了王室血统的延续，次女则是能和潜在盟友用以战略联姻的资本。

美第奇之后最重要的金融家族——罗斯柴尔德家族也秉承着同一观点。在婚姻还是一个爱情至上的年代，罗斯柴尔德家族就选择了一条不同的道路。虽然大多数家族认为同阶层婚姻十分重要，但罗斯柴尔德家族将这个方向发扬得更加光大了。作为将家族股东生意转型成19世纪最大的银行帝国的人，创始人梅耶·阿姆谢尔的婚姻为他助益良多。他妻子的父亲是一位法庭代理——决定当地贵族阶级金融交易的关键人物。如历史学家尼尔·弗格森所说：“除了她父亲提供的帮助，梅耶·阿姆谢尔还得到了一笔重要的新资本——2400荷兰盾的嫁妆。后来证明，罗斯柴尔德家族这第一桩精心算计的婚姻，为后来繁荣的亲属关系奠定了良好基础，这和法庭代理所代表的王室赞助基础同样重要。”

在罗斯柴尔德家族统治财政形势的关键时期，由于受到王室近亲结婚传统的启发，他们将这一婚配方式推行到了在当时来说空前的程度。自19世纪20年代开始，罗斯柴尔德家族内部有将近二十桩婚姻，大多是叔辈与侄女的结合，就是为了保证五大分支团结一心，巩固权力与财富。简而言之，他们当时的状况，按历史学家尼尔·弗格森的话说就是，“只有罗斯柴尔德家族的人，才配得上罗斯柴尔德家族的人”。

1839年，当汉娜·梅耶决定嫁给家族之外的人时（这简直就是19世纪浪漫小说的情节），罗斯柴尔德家族以极其暴力的反应，明确表达了他们的态度。罗斯柴尔德家族当时的领袖之一詹姆斯，在给兄弟的信中写道：“我和家族的其他成员……从小给孩子们灌输着，他们所爱之人只能来自家族内部的理念。让他们互相爱恋，就能避免他们产生想和家族之外的人结合的想法，这样就能让家族的财产不为外人所窃取。如果违背我的人不受到惩罚，其他的孩子还怎么可能听从我的命令？”确实，家族内部联姻延缓了像布登勃洛克家族遭受的衰败命运，因为后来罗斯柴尔德家族确实还兴盛了很多代。

如果你以为将婚姻当作经济利益的合并，只有古代存在，或者只有在王权、半王权（类似罗斯柴尔德家族）的家族中才存在，那你就错了。在一个对泰国商界精英婚姻作用的有趣研究中，许多泰国学者都发现，对于依赖关系的家族企业（比如建筑业）来说，几乎所有子女的伴侣，都来自相关行业的精英家族，而非无关产业。而且这带来了不少好处。精英家族的子女与其他精英家族的子女成婚时，双方家族的股价都会随大婚消息的发布大幅上涨。这些家族的子女与所谓的“平民”成婚时就没有这个效果。

这种现象也不只出现在亚洲。在现代美国，财力相近家庭之间的婚姻结合也多了起来。事实上，最近收入差距越来越大的一个重要因素，就是选型婚配的复兴。随着越来越多的人选择和赚钱能力、教育程度相似的人结婚，经济权也越来越集中。有人猜测，如果婚姻像 1960 年时，大家的选择都更随意一些，这五十年来的家庭收入差距就不会有这么大了。换句话说，不只是妮基·希尔顿嫁给了詹姆斯·罗斯柴尔德，而是我们所有人都在相同的社会和教育阶层中寻找伴侣，只要看看《纽约时报》周日的婚礼版面——金融人士眼里的并购版面——婚姻界的《点球成金》，对每个人的家世背景进行量化和分析。

从企业并购的视角看婚姻，就能将金融的智慧运用进我们的爱情生活中。事实上，成功并购的决定因素是金融中的基本话题，也是我们观察商界的爱情与婚姻的感情纠葛最近的看台。我们都很了解企业并购中的对与错，也许这能帮助我们增进对婚姻的了解。

企业并购与婚姻的对比，从来没有如此清晰（波浪状淡出，浪漫音乐起）……

很久很久以前，在爱之都巴黎，故事中的一对恋人初次相遇，开启了一段经典的“梨花压海棠”。这对恋人年龄相差二十岁，但是，对很多人来说，他们好像已经属于不同的时代了。我们的“梨花”已经经历过两次复杂的婚姻，他开始思考人生苦短和生命的意义，于是急切地寻找恢复青春之法。而我们的“海棠”还风华正茂，年华似锦。十年来她受万众瞩目，成为世界关注的焦点。但海棠知道，她的力量稍纵即逝，她需要一位长者稳固地位。

一开始，海棠的追求很热烈，她追着梨花一直到北京，就为了和梨花来一次“偶遇”。很快海棠就意识到，必须要更加直白。于是海棠在纽约的一间雅座安排了一次晚餐，这样他们就能不受打扰地一起分享过往，憧憬未来。发现了他们共同的价值观之后，海棠放下了所有伪装，终于问出了决定双方未来的大问题。而梨花也欣然同意，从他们在巴黎第一次见面迄今，只有短短两个月，其间只见了三次面。

他们突然的决定让所有亲属都大吃一惊，但亲人们很快聚在一起，在海棠家用 1990 瓶波菲庄园的雄狮红酒办了一场小小的聚会，庆祝他们的婚约。几天后，他们订婚的消息占据了《纽约时报》的婚礼版面和其他各大社会媒体。可谓一场年代，甚至世纪婚礼。

裂痕的迹象很早就显现了出来，但是公众的期待太高，现在后悔已经来不及了。梨花对海棠其实还不是很了解，后来他发现海棠是个十分强硬的谈判者，而且在关键的承诺上经常反悔。但是他们的婚约盖过了这些迹象。婚礼过后仅仅数月，这场婚姻就已经貌合神离。海棠掩盖了她不光彩的过去，而且她觉得梨花的行事方式太过老旧。梨花的耐心和作用越来越少，因为海棠的活力其实不像他想的那样。他们旋风一般席卷而来的激情很快退去。只一年，他们的婚姻就陷入了严重的危机中，但他们仍然在凑合着过日子，就像所有不幸福的夫妻一样，直到八年后，终于还是走到了离婚这一步。海棠和梨花都只剩下对他们在爱之都初见的怀念。

他们旋风般的爱情、闪婚和分手，基本就是美国在线公司和时代华纳2000年企业并购的故事线。我虽然把它当作故事来讲，但是现实情况的戏剧性只增不减。我们的“梨花”就是时代华纳的杰瑞·莱文，而“海棠”则是美国在线公司的史蒂夫·凯斯。除了他们俩的年龄差距，他们的公司也确实属于不同的时代。美国在线公司和它的两千万订阅用户，代表着十年前互联网的巅峰。而时代华纳则是个古板的媒体公司，拥有宝贵的资产，可就是无法理解网络。

美国在线公司和时代华纳的并购惊天动地、奇妙无比，并购后足有3500亿美元的市值。资深风险投资家罗杰·麦克纳米当时带着深深的惊讶说道：“我直说吧，这是我职业生涯里见过的最彻底的一次脱胎换骨。”传奇企业家特德·特纳，他的公司早几年被莱文并购，现在他是时代华纳的董事之一，拥有时代华纳90亿美元的股票。当被问起这次的并购对他来说是否难以进行投票时，他说：“我操作这次并购时的热情，就像 42 年前我初尝禁果时一样。”

当并购完成时，他的观点也变了。尽管特纳损失了一大笔财产，却丝毫无损其夸张性格，他表示：“时代华纳和美国在线的并购应该像越战，像伊拉克、阿富汗战争一样尽快成为历史。这是我们国家所经历过的最大灾难。”相比之下，两家公司最有才华的高管杰夫·比克斯的评价就礼貌多了：“这是企业史上最大的错误。”虽然具体数额取决于计算方法，但是市值损失肯定超过了 2000 亿美元。这句话对卷入美国在线和时代华纳并购的股东和员工可能没什么安慰的作用，但事实是，一些并购——有人认为是大多数并购——都是不成功的。而美国在线和时代华纳代表着其中最常见的错误。

那么美国在线和时代华纳的婚姻中到底出现了什么错误？基本就没有正确的地方，而且事实上，这些错误就和那些讲解并购成败的金融故事里对灾难的描写一模一样。只要稍做修改，美国在线和时代华纳的并购中的错误，就能成为一篇讲解婚姻成败的故事里对灾难的描写，把里面的企业代换成人，看看对你有没有用？

1. 尽职调查很重要：时代华纳没有尽职调查——对目标企业的金融和运营状况进行彻底的调查和审核，随后就发现了十分严重的会计欺诈行为。这些欺诈行为来自美国在线在

20世纪90年代快速增长后逐渐冷却时形成的激进的营销文化。当企业准备出售时，一般都会美化其财务报表。只有尽职调查才可以避免这种错误带来的重大损失——美国惠普收购Autonomy花了110亿美元，之后却发现它的价值仅有10亿美元左右。

2. 并购战略不是为了填补你自身的漏洞：莱文一直在努力融入数字媒体时代，他以为能一步登天，弥补公司在快速发展的技术改革上的落后。公司内部提高这个技术的尝试总是以短路和资源短缺而告终。但莱文把赌注押在了与美国在线的并购上，认为这次的并购能弥补他的企业的漏洞。

3. 欲速则不达：莱文急于做出成就，因为他在时代华纳的任期将满。凯斯知道互联网公司的估值一落千丈只是时间问题。他们完全没有听从任何建议（不管是企业内部还是外部顾问的意见），完全凭直觉推进了并购。

4. 协同效应常被高估：合并中的热门流行词就是“协同效应”——当企业实体并购时，收购方增加收入，降低成本的能力能带来价值增长。一加一等于三的理论十分诱人，我们要尽快改变并购方，以助于实现并购带来的巨大利润。美国在线和时代华纳面前的巨大诱惑，就是配套推销的机会和内容共享。但因为企业文化和营销理念不同，这些机遇其实是永远无法实现的。在很大程度上讲，美国在线和时代华纳的实体一直处于分离的状态，其实并没有从什么有意义的角度共同发展。

这种能快速使目标实现协同效应的虚假承诺，通常伴随着掩盖潜在风险的花言巧语。并购后的首席执行官迪克·帕森斯，就提供了一个生动的例子。当被问及这次并购时，他说：

“我们需要用所有可能的内容填补时代华纳的空缺，之后还需要创造一个统一的平台，我们需要所谓的协同驱动。协同驱动其实就是纵向整合的另一种说法。只是现在我们是不统一的一堆，要将它们整合为一个整体。并购其实是一些很大的概念，我们要创造一个真正的纵向整合的公司，它要有很强的攻击和防御实力，不仅是面对今天的商业经营模式和内容的传达，而且在未来接轨后的世界也一样。”

正是这样。

5. 整合的成本常被低估：做交易前，银行家们在预测并购结果时不会计算其艰辛的过程。整合两个总部，合并销售团队，结合后勤部门，听起来总是很容易，但实际上资金和时间成本都比大家预料的大。美国在线和时代华纳并购案中，他们很早就发现整合会很困难，因为他们甚至无法共用一个邮箱平台。这就是所谓的“最大的敌人是不合理期望”。

6. 不平等并购很简单，但其价值有限；平等并购难度巨大，但其潜力无限：一方控制另一方的并购，它还有个可爱的名字叫作“补强收购”，这种并购很简单，因为有支配权的一方可以直接强行推行改变，节约成本。而平等并购就难度巨大，因为平等并购就意味着共同决策，但平等并购是实现一加一等于三的唯一选择。美国在线和时代华纳的并购是最糟的一种，美国在线以为自己有支配权，而交易刚刚完成，技术泡沫消失，时代华纳就夺走了支配权。

7. 连环收购者很棘手：这次已经是莱文的第三次大型并购，之前华纳兄弟和特纳广播公司的并购他处理得十分妥善。善于补强的连环不对称收购者，在收购过程中会学到很多帮助他们更好地处理收购的实用技巧。但与大型对手并购的连环收购者，比如莱文，很有可能过度沉迷并购本身，而对真正的并购和并购后实体的管理经营没什么兴趣。

8. 说到底，问题都在文化。做好调查，然后执行：对于并购中的金融学，任何金融从业者都能告诉你，企业文化和执行力就是一切。迪克·帕森斯说，美国在线和时代华纳就像“不同的物种，而且实际上，它们应该算是天生的敌人”。驱动本次并购的，本应产生的配套推销机遇和协同效应，其实反映了不同的企业文化。但问题不光出在企业文化差异上——似乎没有人愿意真正面对推行并购的巨大挑战和复杂细节。当美国在线和时代华纳 2009 年拆分时，史蒂夫·凯斯总结道，而且只是一条推文——“托马斯·爱迪生说：‘没有执行力，憧憬就是幻想。’基本总结了美国在线兼时代华纳失误的领导（包括我在内）。”

虽然美国在线和时代华纳的解体讲述了一个并购需谨慎的故事，成了预防并购和婚姻出错的教科书，但其实它也引出了许多更深层次的问题。为什么要并购？什么时候企业才需要合并经营，什么时候只要合作就可以了？在金融中，这些问题反映了所谓“企业界限”的问题。一个组织的界限应该划在哪里，怎样才能区别某个消费者、竞争者或者供应商是在界限内还是界限外？这个结构表明，并购不是唯一选择，比如和第三方通过合同的方式合作。如果可以通过合同得到某方提供的某种特定服务，并购还有存在的意义吗？

要从个人角度理解这个原理，可以以每天的交通需求举例。如果不考虑公共交通，怎么满足这个需求？今天，我们早上醒来，可以选择用优步，实时建立买卖关系。注册优步会员没有会费，我可以随心选择是否要进行实时交易，这就是一个现货交易市场。或者，我可以找汽车司机签订十二个月的租约。我不需要车辆的所有权，但在特定范围内，比如一定的里程内，我又可以任意使用它。最后，我也可以购买一辆车，拥有该资产的完全控制权。这个集合——从现货交易市场到租车合同再到财产所有权——就是我们要从第三方得到所需的一切所涉及的方式合集。

概括地说，这个现货交易市场（优步）与契约（租车行）和财产所有权（汽车主）所组成的链条，和人际关系的链条其实可以一一对应：单身交友、同居和婚姻。显然，婚姻不包括“从属于对方”，但和并购的决定别无二致，这些就是所谓企业界限的逻辑。

所以什么时候该选择哪一种，为什么？对经济学者来说，1910 年到 1920 年间的“通用—费雪”案例，就是《安娜·卡列尼娜》《米德尔马契》和《简·爱》的合体——解释调情、承诺、婚姻和爱的经典故事。

1908 年成立的通用汽车公司在其成立后的十年间不断收购各种汽车公司——包括凯迪拉克和雪佛兰的前身。在这段时间里，它还在不断地从各个供应商那里采购汽车车身（类似于汽车骨架），其中就包括费雪车身公司——由费雪兄弟经营。同一时间里，费雪车身公司增长迅速，成了凯迪拉克的独家供应商，到 1916 年已经制造了 37 万辆车身。

1910 年至 1920 年，汽车车身变化巨大——全木制车身被木制车体加铁皮的车身代替，而且最终成为全金属车身。木制车身在制造上较为容易，金属车身则相对较难，而且不同型号的金属车身都不相同，无法像木制车身那样直接在其他模型上进行改造。所以，车身制造商很快就需要为特定模型投资建造新的金属压型和制造工厂。到 1919 年时，通用汽车需要费雪为制造新车身投资一笔巨款，尤其当时开放式金属车身（类似活动顶篷式汽车或者福特 T 型车）正逐渐被封闭式金属车身替代。

这些车身制造上的技术变革推动了费雪和通用在合作关系上的改变。之前，通用能很有效地在现货交易市场购买车身，按照自己的需求下订单。但是，1919 年，通用和费雪签订了长达十年的车身订购合同，通用购买了费雪 60% 的股权，虽然公司还是由费雪兄弟自己经营。合同主要由两大条例组成——通用所有的闭合式金属车身都从费雪购买（“独家交易权”条例）；而费雪担保一个价格，就是制造成本加车身运输成本，再加上 17.5%，或者使用向其他汽车制造商提供类似车身的价格（“价格保护”条例）。

20 世纪 20 年代中期，闭合式金属车身深受广大消费者欢迎，其程度远超通用的预期，闭合式金属车身整体占据了三分之二的市场份额。而费雪在闭合式金属车身市场中又占有 50% 的份额。通用希望费雪能在自己在弗林特的工厂附近新建一处专用工厂，这样不仅能减少运输成本，而且能降低平均成本，产量也能大幅提高。

但费雪没有这样做的动机——事实上，费雪更喜欢之前的模式。因为存在着价格保护条例，高运输成本和制造成本对他们来说才是有利的，因为利润是固定的，而根据独家交易权条例，通用又必须从费雪购买车身。到了 1926 年，通用认为这种情况无法忍受了，于是向费雪车身公司提出并购，将费雪改成了自己的一个部门。

就像乔治·艾略特的小说，每年都有人为它举行集会，讨论其丰富的内涵——“通用—费雪”并购案永远都是令经济学者们着迷又争执不下的话题。从不同角度解读的论文不计其数，而且还带着老一套学术特有的刻薄。确实，《法律、经济与体制》杂志还专门为这场并购的其他可能性解释和解读发行了特刊，作为经济学者对奇闻逸事惯有的怀疑态度，这也很厉害了。虽然这些故事的版本和讨论千变万化，但对这场从现货交易市场到长期合同安排，最后一直走到并购的浪漫史，一直存在两大主流解读。这两大解读——交易成本方向和财产权方向——还分别得到过诺贝尔经济学奖（1991 年罗纳德·科斯获奖，2016 年奥利弗·哈特和本特·霍姆斯特罗姆获奖），所以就学术角度讲，这是场顶尖角逐。

不那么浪漫的解读就是通用和费雪在 1926 年进行并购，只是因为双方的合同成本已经过高。是的，它们可以保持单身，维持合同再重新谈判就行，但制定合同成本也很高，如果并购，它们就不需要一次次拟写新合同了。到了一定程度，并购的动机单纯地来自节省一次次拟写这些细致入微的合同所发生的成本。

简而言之，如果可以住在一起，为什么要交两份房租？我还可以用你的医保，这样能省很多钱。而且，如果你出了事，政府会保证我的权益。避免双方无休止的摩擦和签订合同证明，走向“同居”的下一步，婚姻是最合理的。简而言之，这是场权宜之下的婚姻。

更有说服力也更浪漫的解读是，费雪车身公司和通用汽车之间愈加紧密的关系产生了增进关系的需求。1919 年通用和费雪为什么签订了长期合同？金属车身的需求的增长意味着费雪需要投资一个专门为通用生产车身的工厂，不像木制车身制造厂，可以通过修改反复使用。不开玩笑，经济学者管这叫作“关系专用性投资”。如果它们真建造了那个工厂，费雪就会担心，一旦工厂建成，通用在谈判上就有了更多筹码。最初合同中的独家交易权条例确保了通用无法增加筹码，因为通用承诺所有车身都从费雪购买。

而相应地，通用担心独家交易权条例意味着一旦通用被锁定，费雪能获得更多筹码，因为费雪可以任意更改价格。价格保护条例确保了费雪不能在这个方向上投机。简而言之，随着它们对对方的需求越来越多（金属车身的兴起让它们比原来只用木制车身时的牵连更多了），增进关系才能让彼此充分发挥合作的潜能。从经济学角度讲，就是关系专用性投资排斥现货交易市场，产生了对长期合同的需求，从而保证了最大的联合盈余。

但接着事情更加复杂了：合同并未预测到之后金属车身需求的大规模增长。而这份合同对费雪产生了一个奇特的激励——人工和运输费用越高，获利越多。结果就是，费雪不想开设新的、效率更高的、离通用更近的工厂。简而言之，合同没有预计到所有可能情况，可以说是不够完整的。事实上，合同是无法涵盖所有方面的。我们无法预想到所有可能，而这种固有的不完整性意味着，很多情况下，我们对对方依赖太大，以至于需要以并购来解决——不完整的合同已经不够用了。

这场并购会发生，就是因为它们互相的依赖程度太高，所以需要限制单方激励，创造出一个实体。要费雪迈出下一步，进行完全的关系专用性投资（一个新的、在通用的弗林特工厂附近的通用专属车间），需要超过两个独立方之间必然不完整的合同的确定和投入。这一步，和伴随着这一步的投资，能为双方创造更大的联合盈余。但只有并购，才能提供足够的信念让费雪迈出这一步。

这次并购很成功，缔造了费雪兄弟和通用接下来二十年的亲密合作。通用首席执行官艾尔弗雷德 · P. 斯隆认为，这场并购对他们当时和福特的竞争的作用是“决定性的”。之后通用兴盛了几十年，成为世界上最大的汽车公司。确实，直到 20 世纪 80 年代，通用的汽车一直都打着“费雪车身”的烙印。这个版本的并购，也是我喜欢的版本，不是权宜婚姻，而是为爱成婚。

之后它们永远地幸福生活在一起了。

事实是，并非所有汽车公司都能有这么完美的浪漫关系。1896 年，亨利 · 福特还只是在原型机上修修补补，是哈维·凡士通为他提供了第一批充气轮胎。接着凡士通在1900年创立凡士通轮胎，而福特则于1903年创立福特汽车。他们的关系一直十分紧密，紧密到凡士通赢得了福特的传奇——T型车的轮胎供应合同，这款车在1909—1927年创造了1470万辆的非凡销量。

他们的生意和私人合作关系都蒸蒸日上。20世纪20年代中期，他们一同去加利福尼亚州选址，这一次共同行动的直接结果就是，他们分别在洛杉矶建立了离对方公司很近的大型工厂。托马斯·爱迪生、凡士通和福特（当时美国工业的三大巨头），加上博物学家约翰·巴勒斯，成了“四位流浪者”——在20世纪一二十年代每年花巨资进行野外露营、探索自然的四位伟人，有时候美国总统也会一起凑个热闹。

福特和凡士通的合作直到20世纪70年代末依旧牢固，甚至1988年凡士通被普利司通轮胎收购后也仍在继续合作。但到了20世纪90年代末，他们的合作面临着巨大考验。福特探路者SUV搭配凡士通500型轮胎导致两百多人死亡。探路者的翻车事故率高得离谱，但原因不明，是探路者本身容易翻车，还是轮胎内外层剥离最终导致了翻车？

福特和凡士通本该合力解决问题，但他们却因此解除了合作关系。福特指责凡士通制造的轮胎有质量问题，而凡士通则认为是福特建议的充气级别不合适（原始泄气门事件），将舒适置于了安全之上。媒体称本事件为结束百年合作的历史性

“离婚”闹剧——带有众多长期合作才能产生的互相指责。

凡士通通过一封信件指责福特想将矛头指向轮胎来掩盖自己的责任，结束了供应关系。信的末尾写道：“商业关系，和人际关系一样，需要建立在信任和互相尊重的基础上。我们认为我们无法继续为福特提供轮胎，因为我们合作的基础已被侵蚀。在我们将近一百年的合作之后，这对我们也不是一个轻松的决定。”随着这一声辛酸的叹息，美国商界最成功的合作关系也带着不光彩走到了尽头。

这段合作也不是什么都没有留下，相反，影响还十分深远。亨利·福特的孙子威廉·克雷·福特和哈维·凡士通的孙女玛莎·派克·凡士通，由于双方母亲的原因相识。二人频繁通信，相互了解后，于 1947 年结为连理，彼时二人还是学生。人人都说，他们的婚姻十分幸福，还生下了四个孩子，后来还买下了 NFL 的底特律雄狮队。他们的其中一个孩子就是小威廉·克雷·福特——他是谁呢——翻车丑闻爆发时福特汽车的董事会主席。所以，小威廉·克雷·福特作为哈维·凡士通和亨利·福特两家合作的后代，亲手终止了两位曾祖父联手创立的企业合作。

也许，金融之外真的可以有爱情。

剧终

The
WISDOM
of
FINANCE

第六章

梦想成真

会议也许会让人头脑迟钝，但 2013 年 7 月 12 日伦敦大学学院的教职工会议突破了新的底线。一位教员真的被人抬进了会场，就坐在外向的教务长身边，全程一言不发，最后被列为“出席但不投票”的一员。虽然听起来很典型（或者说很理想，这取决于你对会议的看法），但这位教员其实已经去世将近两百年，而当时，是他那副保留完好的、平时安放在走廊边上一个房间里的骨架参加了那次会议。

什么样的人配得上如此的尊重，又是什么样的人会古怪到要求这种奇怪的传统在他死后也将延续？谁会古怪到在随身口袋里放一对假眼，以方便必要时进行遗体完善？这位与众不同的先生就是杰里米·边沁，启蒙运动哲学家。他的目光十分长远，早在 19 世纪，他就开始支持妇女参政和同性恋合法化。

作为功利主义创始人，边沁提出了社会政策应该从全民总体福利的角度出发来评估的概念。他简明的箴言“道德与法律的基础，就是让最多的人得到最大的福祉”，被边沁归功于约瑟夫·普里斯特利的一句话，在当时来看十分前卫，但仍然成了大多经济和哲学原理分析的基础。

边沁还是第一个站出来维护信用和杠杆概念的人。在他和亚当·斯密关于贷款的辩论中，他们都采取了十分不符合自己作风的立场。一向以雄辩维护市场的斯密突然提倡限制市场，而激进的、改革主义的边沁却拥护充满债务的自由市场。

在《国富论》中，斯密提出，贷款利率不能超过5%。他的逻辑表现出了自古以来对借款者的严重偏见。斯密认为，利率上限过高，只有“浪费者和投机家”会贷款，而真正有机遇的人反而不会。允许以不同利率贷款会颠覆一切，斯密说有价值的风险无法贷款，经济将被坏的风险占领。斯密讲出了大家对贷款持续千年的厌恶。

在后来出版的寄给斯密的多封信里，作为“高利贷的捍卫者”，边沁挑衅地回击了斯密关于限制利率的言论。边沁指出，斯密忽略了借款人为了保护资本，会产生筛选、监管贷款人的行为。边沁指出，“对于这种情况，筛选机遇的是非好坏，将是双方面的……而这两方面里，其中一方的偏见显然是不利的”。更广泛地讲，斯密的论点在与斯密支持的自由方面显然是不一致的。边沁用斯密自己的话提醒斯密：“假装守护私人的经济状况（边沁原文强调了这部分）对国王和大臣来讲，是极其无礼而傲慢的。”

但边沁最有力、最令人信服的论据直指信用市场重要性的核心所在。斯密这种限制借款人、只筛选信誉最好的借款人的行为，提高了传统的“老派”借款人的地位，而打压了机遇很好、只是风险较高的创新者和新兴阶级。斯密“不分青红皂白地排斥”这些“在对财富的追逐中，一头扎进新的渠道，尤其是新的创新渠道中的人”，而偏心于那些“只以传统的方式进行贸易，并且将这传统方式的安全性发挥到极致的人”。通过法律禁止高利率将阻碍贷款，并因此而妨碍了创新和发展，这和自由是相悖的，而且也是不必要的，因为借款人也会为自己考虑。

莎士比亚的《威尼斯商人》，正是针对斯密和边沁关于资金杠杆的争执，给出了最好的戏剧性的解决办法。这部戏剧的剧情主线是威尼斯商人安东尼奥为了帮助好友巴萨尼奥成婚，向犹太人夏洛克借高利贷，当安东尼奥无法偿还贷款时，夏洛克借机要行使他的“取走一磅肉”的权利，最终多亏巴萨尼奥的新婚妻子鲍西娅，才得以避免了这个结局。夏洛克对安东尼奥的厌恶，来源于他们二人关于合理利率的一次争执，就像边沁和斯密一样。用夏洛克的话说，他厌恶安东尼奥是因为“他免费给人贷款，拉低了威尼斯整体的贷款利率”。后来安东尼奥违约后的审判，其实是对当时和谐亲密的威尼斯基督教世界惩罚复仇的外来犹太人的所谓“正义”的讽刺。威尼斯人因为犹太人提供了威尼斯人明知自己需要的服务而贬低犹太人，重申了边沁极力反对的“反债务偏见”。

但《威尼斯商人》中债务的作用不只是推动剧情的道具。情节不仅是在金融债务的层面，也是对个人责任层面的讨论。巴萨尼奥向安东尼奥借款，安东尼奥向夏洛克借款，而夏洛克则是向好友图巴尔借款。安东尼奥和巴萨尼奥的纽带，如诗人威斯坦·休·奥登所说，是一种“将效用与义务联系在一起的无限责任”，而且其基础是爱。巴萨尼奥对安东尼奥还负有人情债，因为后者资助了他与鲍西娅的爱情，于是相应地，鲍西娅因为嫁给了巴萨尼奥，就有了救安东尼奥的义务。而安东尼奥最终又对鲍西娅负债，因为她救了他的性命。可以说鲍西娅和安东尼奥进行了一场对巴萨尼奥感情的角逐，而最终鲍西娅胜出了，如评论家哈利·伯杰所说，因为她知道如何“让受益人咬住感激和义务的鱼钩”。而戏剧里的婚姻，则是关于“人际关系”的一场文字游戏，但也因为婚姻代表索取，所以也反映了夏洛克对安东尼奥的身体的索取。

奥登眼里的这部戏，表面上讲的是债务，但其实深层次上讲的是人际关系。他表示“少有戏剧这么多次提到‘爱’”。和封建制度对比后，奥登总结道：“在《威尼斯商人》中，你可以自由选择如何打造你的人际关系，但其伴随而来的义务也是巨大的。”其实债务，不只关乎金钱，重要的是它的约束力。

金融从业者对杠杆的爱甚至超过边沁。除了杠杆带来的许多实质性好处——我们待会儿会简单提及，使用“杠杆”让金融从业者感觉更有气势，而不是简单地说“借别人的钱”。但事实是，那就是金融中的杠杆的全部意义——借钱。非但如此，金融从业者有时候提及杠杆情绪就会非常激动，这是有原因的。人们通过杠杆挣过钱也赔过钱，对杠杆的适当管理也许就是经济上巨大的失利和盈利的区别。但所谓对杠杆的适当管理又为何物呢?

就从最基本的问题开始讨论吧。为什么金融从业者管贷款叫“杠杆”？和大多金融问题一样，其答案其实比你想的简单得多。杠杆，就是一个工具——你可以想象一根撬棍——可以让你撬动你完全无法挪动的东西。某种意义上讲，杠杆是很神奇的，你可以做到你以为自己完全不可能做到的事，因为它可以成倍地增加你所能发挥的最大力量。如阿基米德所说——也是本书英文版的封面——“给我一根足够长的撬棍和一个支点，我就能撬动地球”。

这正是吸引着众多人——学生、房主和商人——贷款的原因。先说房主吧。假设你有 100 美元（倘若觉得少，想加多少个零都随意，如果这能让你增加点兴趣的话），而你想买一栋房子，如果你无法利用杠杆，你能买多大的房子？买了房子以后，你的个人资产负债表又会是什么样子?

如果不能贷款，那么你只能买价值 100 美元的房子，你的资产负债表上将增加一栋价值 100 美元的房产和 100 美元的所有者权益。现在，引入杠杆，或者说，买房时可以贷款。让数据简单一点儿，假设你的贷款能达到房价的 80%，那么你就能买一栋价值 500 美元的房子，而你的资产负债表也大不一样了。现在你有了价值 500 美元的房屋资产和 400 美元的负债，还有 100 美元的所有者权益。

资产	负债和净资产
价值 100 美元的房屋	100 美元所有者权益

资产	负债和净资产
价值 500 美元的房屋	400 美元按揭贷款 100 美元所有者权益

虽然在这两种情况里，你都有 100 美元的价值（所有者权益），但在其中一种情况下，你住在更大的而且也许更好的房子里。从很多意义上讲，杠杆能让我们住进本来买不起的房子里。

教育贷款也是同一概念：我们现在的收入和资产无法负担学费，但是完成教育也许就能得到更高收入和更好的生活。所以，我们通过贷款来得到这个机会。想得到现有资源无法提供的机会也是同一概念，这正是企业和企业家眼中的金融——控制你本来得不到的更多资源，比只控制他们现阶段所拥有的资源的回报要大得多。

但更好的还在后面。你不仅能住进本来买不起的房子，实质上讲，杠杆还能提高你的回报。假设房价上涨10%。没有杠杆，你的财富只能增长10%，因为房子的实际价值是110美元，所以你的所有者权益就是110美元（也就是说，资产负债表必须平衡）。但如果你采用杠杆，你的财富就能增加50%，因为房子的实际价值是550美元，而你的贷款金额是400美元，所以你的所有者权益就从100美元变成了150美元。现在你理解金融从业者为什么都喜欢杠杆了吧。你能住进更大的房子，还能得到更高的收益。当然了，房价也不可能一直增长。假设房价没有增长，而是降低了20%，这样的话，不采用杠杆你只损失了20%，也就是20美元。但采用杠杆，你就失去了你所有的财富，也就是100美元。杠杆对回报的放大作用是双向的。

当然了，贷款还有一点，它是意义重大的承诺。为了保护自己，借款人有权控制贷款人借款的用途，也就是所谓的契约。如果违反契约，他们就可以罚款，甚至没收贷款人的财产。比如，没有借款人的允许，是很难继续贷款的。这些机制能保证贷款人不会乱花借款。最重要的是，借款人拥有对贷款人和贷款人资产的债权。如果贷款人无法正常还款，对购房者来说，可能就意味着失去所购房屋；对企业来说，如果不能定期偿还利息，也许就意味着破产。

所以对一个企业来说，合适的杠杆是多少呢？最简单的金融答案就是，它们可以权衡两股对立的力量——借贷的税务优势与借贷为公司带来的风险。因为企业和个人支付利息是可以抵税的，这就是贷款的好处。简而言之，对通过贷款购买设备或者购房的个人来说，政府允许减少纳税额，把价值从政府转移至个人这里。

另一方面，过度贷款又会引起问题。债台高筑的企业，即使不宣布破产，也有可能遇到运营困难。随着企业的不稳定性增加，就有高价值员工离开公司的可能；消费者们也会减少购买，因为他们认为该公司也许不会存在太久了；而零售商也会停止销售，因为担心货款收不回来。权衡一下这些财务困境的成本和税收优惠，就能得出最合适的杠杆。

私募股权尤其要在这一点上做好权衡。在私募股权交易中，通过所谓的“杠杆收购”，收购方可以把杠杆不足的公司的资产作为抵押，买断目标公司原本的股东，从而将其“私有化”。什么样的公司会成为这种交易的候选公司呢？最好的就是高收益公司。这样在运营方面有税收上的优惠和十分稳定的商业模式，陷入财务困境的可能性也降低了。比如香烟，或者更好的——赌场，收益巨大，并没有什么技术革新（被颠覆的风险很低），消费者也有高度依赖性。赌场是借贷融资收购的最佳候选公司，只要不在贷款上过于贪心，而且还要知道该如何经营赌场，否则很可能会破产——一遍又一遍。

贷款人面对的核心问题是如何找到现有资源无法得到的机遇，这也是很多人在生活中经常思考的一个问题：我该如何发挥人生的最大价值？人生能实现的大多数目标都需要他人的帮助。结婚、生孩子、获得深厚的友谊、工作、创业都是能创造价值的，也是单凭一己之力无法完成的事。要得到这些帮助，也需要做出承诺，而这些承诺也是有约束条件的。简而言之，如何通过承诺将自己融入更宽阔的人脉网，将决定你未来的轨迹，就像贷款是如何通过提供资源以换取承诺，从而改变了企业的发展轨迹一样。

两位毫不相干的作家——乔治·奥威尔和杰夫·昆斯在各自作品中都分别体现了企业杠杆决策和我们在生活中做出的承诺的相似性。奥威尔在《1984》的创作中展现了互相依赖的代价和低杠杆生活的美德。这个故事讲的是，要获得伟大成就，独处和独立是多么重要，还有讲自己与世界隔绝的重要性。随着第二次世界大战结束，奥威尔很难以记者的身份维持生计，他在 1945 年一年就写了十一万余字，却也只能勉强度日。他知道他所做的这一切正在让他日渐衰弱。奥威尔跟桃乐茜·普洛曼说，“新闻界让他无法呼吸”，还告诉朋友安德鲁·高，“我越来越像一个被吸干的橘子了”。

为了创作《1984》，他知道他必须要将自己与世隔绝。他给朋友阿瑟·库斯勒去信道：“所有人都来找我，要我宣讲，要我写宣传册，要我加入这个加入那个，你不知道我多么渴望能摆脱这一切，能有时间安静地思考一会儿。”1946年，奥威尔来到在赫布里底群岛的侏罗山脉——一个他认为“无人能及”的地方隐居多年。在那里，他找到了创作来源，找到了《1984》的灵感。这是一个低杠杆的人生，没有承诺，没有义务，而且很适合奥威尔。

选择了贫于交际（低杠杆）的艺术家们，通常觉得富于交际的生活是无法忍耐的。索尔·贝娄著有多部精彩小说，但他也写过戏剧——一种需要更多交际的创作方式，和导演、制作人、演员之间都需要交际。这种尝试让他更加喜欢小说创作：“独自一人与纸页、四壁相伴。小说家虽然孤独，却有极高的自由来弥补。在剧院，确实有合作带来的愉悦感……但这些愉悦感的代价，确实失去了一个人的自主权。”同样地，贝娄也认为独立电影制作人比与更多的人合作的方式要好，他表示：“一个庞大的团队会不可避免地对其中的每个成员的想象力产生抑制作用……（而团队的巨大预算）能把一个才华横溢的艺术家变成呆板的官僚主义者。”随着需要交际的人越来越多，贝娄觉得自己的想象力日渐平庸。

虽然贝娄不认可承诺、合作和交际的优点，但还是有艺术家对交际夸赞有加的——也许在这一点上，没人能超过杰夫·昆斯。2014年彼得·施杰尔达曾称赞他为“当今世界艺术家的标杆”。昆斯创造过许多巨大的装置艺术，比如《培乐多彩泥》，还有历时二十年制作而成的一座约三米高的铝合金制品。他是怎么完成如此巨大的项目的？这就需要杠杆了。

20 世纪 80 年代初期，昆斯在将胡佛吸尘器和其他物体转化成艺术作品时，越来越高的成本成了他的一大烦恼。为了得到支持艺术工作的资金，他晚上创作，白天去做棉花期货交易员。不出意外的是，昆斯并没有忘记华尔街的融资原理。他 9 岁时就挨家挨户卖报纸、巧克力的经验，让他成了一个很好的销售员。只是这次，他销售的是期货交易合同。期货交易合同就是以预定现价销售未来的商品，不管现在这些商品是否为你所有。有了这笔预付金，昆斯就有了继续艺术创作的本钱。

昆斯认为自己是“负责构思的人。我并不参与制造过程，也没有那样的能力，所以我要去找最终决定的人，我或者与我的铸造车间——塔里克斯——合作，或者我自己来”。关于他的大型艺术装置要求，施杰尔达如是说：“不断投入昂贵的材料和专家级的工艺。他需要提前售出作品，以换取足够完成作品的资金，通常需要先做一个小版本（收藏家需要等很多年才能得到真正的作品）。他赚到的钱越多，花掉的也就越多，都用以维持切尔西工作车间和一百二十五名员工了。”昆斯说他的创作过程中的杠杆是“一个保证作品的每个步骤都如同出自我手的系统”。

瞧瞧什么才叫热爱杠杆——对比安迪·沃霍尔之后，施杰尔达总结道，昆斯“就是在市场里冲浪，不止一次差点输个精光”。确实，昆斯的经销商因为其施加的巨大压力破产而名声在外，而消费者也需要不断地为他越来越高的成本买单。如作家菲利克斯·萨尔蒙所说，昆斯在还不知道要做什么作品的时候，就已经将其卖出去了，他的做法完全颠覆了传统商业模式。

萨尔蒙表示：“昆斯模式很像赞助模式，也就是由一位赞助商预付艺术家费用，以买断他之后将完成的作品。但昆斯改变了这个模式，他让收藏家为他工作，而非反之。决定权在昆斯手上，而非收藏家。”虽然有人嘲笑昆斯，但我觉得萨尔蒙的观点一针见血：“昆斯的做法很有意思，少有艺术家如此行事。他不是单纯地将艺术变为金钱，他还将金钱变为艺术。”

昆斯的工厂和其使用杠杆的方式与奥威尔的行事恰好相反。而他们截然不同的选择也代表了我们在生活中将要面对的选择。奥威尔选择孤独之路也有其好处，这条路让人拥有完全的自主权，而且有凭一己之力创造出成果的成就感。而昆斯则相反，他完全融入了一个巨大的关系网，愿意接受这种妥协带来的利弊，并且经营着一个完全为他的艺术服务的组织。在金融中，奥威尔的选择代表着完全靠股本融资的公司，他可以避开所有约束和承诺，自由发挥；而昆斯则代表杠杆收购，涉及成堆的承诺和约束，以便持续完成更大的追求，这种方式伴随着高风险和巨大回报。

所以，你是哪种人，昆斯还是奥威尔？只要适合自己，不管哪一种生活都可以带来很好的结果。大多数人会选择介于两者之间，类似企业对杠杆策略的选择，而你的选择则代表着你的工作和生活态度。成功的婚姻与友谊的本质，就在于有妥协，有相互依赖，但也需要没有这些互相依赖就无法完成的各种体验。生孩子就是在生活中加大杠杆的最好例子。你需要为他们做出无法想象的感情和经济上的付出，而他们，作为回报，会为你打开一个超乎想象的世界。

工作领域中，你的才华也许能为你带来不错的前途，但如果你能融入一个组织，也许就能放大你的潜能，为世界带来改变。与此同时，这些组织也需要你放弃一定的自主权，接受一些妥协。成功的企业家一定是更像昆斯。也许你有一些灵感已经萌芽，但是要将这萌芽浇灌成商品，就需要借助与无数人的依赖关系才能完成。

有时候我用这种方式来看自己的生活，就会发现我所承担的各种风险。我妻子和我有三个孩子，我俩的工作都是全职的。我们很想为亲朋好友做好朋友该做的事。说到底，我们很想过一种以我们的标准来看，高度杠杆化的生活。我们为许多人，为我们的雇员，尤其为我们的孩子做出了巨大付出，这样我们才能过上自己渴望的生活，充分发挥我们的能力，尽力为世界带来改变。但这件事做起来并没有这么简单，也许根本就行不通。我时常问自己，我们有没有充分地利用好杠杆生活，是不是让最亲近的人们为我们过得好而牺牲了太多。

人们在人生中使用杠杆原理时，都会犯什么样的错误？最明显的一个，就是有可能做出过多承诺，承担下过多义务，而实际上却无法兑现。等下一章讲到金融困境和破产时，我们还会继续讨论这个问题。但大家最常犯的错误是什么呢？企业及其杠杆决策的核心与我们的生活也是息息相关的。不管以哪种标准看，大多数企业都可以说完全没有充分利用杠杆。看起来他们并没有充分利用权衡理论，而其结果，就是没有充分使用杠杆。许多人会做出同一个选择——逃避承诺和义务，而其结果就是限制了自己的可能。关于遗憾的各种研究表明，遗憾通常都是由逃避承诺引起的——放弃了教育机会，错过了爱情，忽视了孩子。

杠杆就是一个能帮助你实现梦想的美好工具吗？就这么简单？任何背负着巨大债务压力的人都可以证明，杠杆能带来各种困难。学生贷款或者房贷的压力有改变人生的力量。杠杆所需的承诺甚至有可能让你放弃了本该追求的梦想——背负着沉重的学生贷款，你也许会问自己，还有没有能力做出更多承诺，来继续追求这些梦想。这个问题有一个不祥的名字——债务积压。债务积压的概念就是，之前积压的债务会让你放弃没有这些积压债务时你本来能做到的事。

想想一个贷款 80 美元、买下了价格为 100 美元住房的人，如果这栋房子的价格下跌至70美元，他就资不抵债了，也就是说，他的负债比他的资产的价值高。那么，假设他可以选择继续投资这栋房子，需要花25美元，但能为房子增加30美元的价值，他应该选择投资吗？

通常你一定会说："他当然应该投资。这个投资很划算。他投入25美元，就能赚到30美元。"但在上面的情况下，他投入25美元，贷款人首先能获得属于他们的10美元回报，而屋主只得到了20美元回报。所以，这对屋主来说就成了亏本的投资。真正有意思的点在于，如果屋主进行这笔投资，这对贷款人来说是获利的，但是实际情况是，贷款人通常会犹豫，不愿意做出妥协。既有债务的阴影，让屋主无法做出正确决定。而债务积压就是导致次贷危机如此可怕的因素之一——2009年将近20%的屋主资不抵债，而周围更多的高杠杆购房因为这种错误的激励还在不断恶化。

应该怎么解决这个问题？贷款人应该先接受所借出的款项有一部分损失，这样屋主才能有能力继续进行其他事业。而承担了这一部分损失的贷款人，也因此得到了更好的结果。不幸的是，贷款人一般都不愿意承担这部分损失。

没有哪部作品，比石黑一雄在《长日留痕》中对史蒂文斯先生面对人生中的债务积压，也就是需要兑现的承诺的描绘更真切、更令人痛彻心扉了。史蒂文斯先生是内战时期牛津郡的一位模范管家，全身心地将自己奉献给了达灵顿勋爵。

这本书的叙述者，是老年时期的史蒂文斯先生，他回顾自己的过去，慢慢发现，他错过了和自己所爱的女管家肯顿小姐在一起的机会——一生中最重要的机会。

在他描绘自己与肯顿小姐的初次邂逅时，史蒂文斯先生旁生一支，并没有直接提到肯顿小姐，而是说“资深员工之间的婚姻对工作有极大的破坏”，而寻找爱情的人们“都葬送了自己前途光明的职业生涯”。对于一个只在乎尊严与献身服务的人来说，这种爱情实在无法想象。和史蒂文斯先生共同工作十几年后，肯顿小姐爱上了他，希望能过上一个不仅限于服务的生活。肯顿小姐给了无知无觉的史蒂文斯先生无数次机会，但史蒂文斯却依旧拒绝承认他对她日渐加深的感情。

最终，肯顿小姐开始和别人约会，但她还想给史蒂文斯先生最后一个机会。她给他讲了一个爱情萌芽的故事，并且递给了他这样一句话：“我想你一定是位满足之人了，史蒂文斯先生。你现在终于走到了事业的巅峰，需要你管理的领域一切都顺利。我真的无法想象你的生活还能有什么遗憾。”

面对这个再明显不过的暗示，史蒂文斯先生却没有接过话头。他对达灵顿勋爵的义务和他对工作的追求让他无法抓住眼前的机会。“我认为，肯顿小姐，在我没有尽我所能完成勋爵大人的追求前，我的追求就不算完成。当勋爵大人的工作最终完成，当他能满足于既得的成就，当已经没有人有资格指责他所做的一切还不够，只有当这一天到来，肯顿小姐，我才能说自己成了你所说的满足之人。”对他来说，对勋爵和工作的义务是最重要的。

史蒂文斯先生人生中最重要的两天，生活中的私事不得不为工作让步：他没能与病榻上的父亲见最后一面，也错过了肯顿小姐给他的最后一次机会。有意思的是，这两个遗憾让他产生了一种工作上的“成就感”。他的奉献几乎相当于牺牲了，或者说是一种受虐的快感。

数十年后，我们看到肯顿小姐因为不幸福的婚姻黯然离开了达灵顿府。而达灵顿勋爵成了一个走上歧途的业余外交家，并最终背负恶名死去，因为他促成了内维尔·张伯伦对阿道夫·希特勒采取的绥靖政策。那么史蒂文斯先生呢？

再次见到肯顿小姐后，他终于意识到自己到底错过了什么。史蒂文斯先生总结道：“我（为达灵顿勋爵）付出了我最好的一切，而现在，好吧，我也没有什么能付出的了……我必须做出这些付出，我为达灵顿勋爵付出了一切……我相信了大人的智慧。我侍奉了他这么多年，我坚信我是在做有意义的事……说真的，一个人应该扪心自问，这样的做法真的还有什么尊严可言吗？”

杠杆的危险来自两方面，如我们下一章讲到的，当我们无法兑现承诺，可能就会导致破产，但债务积压的危险更普遍。为了冒更多风险而就已有的承诺进行协商，正是金融提倡的、我们生活中所需的一个重要技能。而债务积压则是无法重新协商既有承诺，以把握新机遇的迹象——其结果就是其中涉及的所有人都要承担损失。史蒂文斯先生则是因为既有责任，而害怕承担不一致的新责任的典型表现——正是他的这个信念让他度过了一段感情贫瘠的人生。幸运的是，虽然有时贷款人不够聪明，不愿意改变他们的期望，但我们仍然可以在我们需要的时候，重新协商既有责任——对爱人、对工作、对社会的责任，以进行新的投资。有时候，就像史蒂文斯先生，恐惧是阻碍我们做出这种尝试的唯一障碍。

杠杆的优缺点体现在金融对公司生命周期中所能发挥的最大作用的预测。因为杠杆有可能限制公司的投资（如刚才的例子所见），企业面对着很多不确定性、很多潜在投资需要，更应该限制对杠杆的使用，尤其是年轻公司。同样，已经接近生命终点的不稳定的公司，杠杆只会加速它们的灭亡。企业的杠杆曲线应该是驼峰形的——年轻、有活力的企业规避债务，成熟企业用债务加大杠杆，而已经显现出经济衰退迹象的老年企业最好减少负债。

因为所谓的关于平滑消费的生命周期假说的出现，我们的经济生活中也出现了相关模式。经济学中有一个谜题，那就是我们的消费（不仅是指食物，而是所有消费——住房、各种体验等）在一生中都保持稳定的水平。尽管我们的一生中收入波动巨大，但我们的消费几乎没什么变化。我们是怎么做到的？其实，年轻时，当我们需要消费又没有可用资源时，都是通过负债承担的——随着年龄的增大，我们还债并为退休后的日子储存积蓄，好维持一致的消费水平。

在我们的生活中，责任和杠杆的优先级略有不同，但表现出的确实是很类似的逻辑。我们对婴儿并没有期望回报，而且我们努力让他们享受单纯的、衣食无忧的童年。随着他们长大，我们会逐渐在安全的范围内，让他们了解什么是责任和义务，让他们慢慢熟悉、慢慢接受。当他们步入中年，就开始为配偶、孩子、事业和社会承担越来越多的责任。随着年龄渐长，他们会因为这些责任带来的压力，甚至最简单的责任的压力，渐渐超出了所能承受的范围而逐渐去杠杆化。我在我的家庭中就亲眼见证过这个过程。随着我们的父母渐渐老去，我们（说实话，是我姐姐）开始想办法为他们分担一些忧虑，包括一些多年前他们其实很擅长处理的简单的经济问题。幸运的是，他们计划得很周全：在真正有必要前就已经搬进了小房子，大幅节省开支，并且简化他们的生活。我们的贡献其实微不足道。

我在我们的女儿身上也看到了这个过程。我们该如何以及在什么时候向她们灌输责任与义务的概念？该如何安排家务、分摊责任，好让她们习惯于此，又不失童年的乐趣？我们总是在让她们了解杠杆和保护她们不被杠杆拖累之间努力保持平衡。

最重要的是，我还要考虑我的女儿们和她们对自己的投资之间的权衡问题，也就是所谓的她们的人力资本。我妻子和我结婚，要孩子其实相对较晚，因此，我们在20多岁时并没有责任的重担，于是我们都在各自的人力资本和工作上投资巨大，这些让我们现在受益匪浅。这种折中看来很合理，至少现在看来合理——现在我们的孩子都还小，还不到结婚生子的时候，而我们要到退休前，才需要看她们离开家。但我们以非常有利的方式投资于我们自己和我们的事业。如果我们早点承担起了家庭的责任，我们的事业恐怕都无法走到现在这一步。

当我的一个女儿在24岁时告诉我说她想结婚生子时，我真不知道该作何回答。我知道我心里会想，她即将承担的这个责任会影响到她对自己的投资……以后还有的是时间去加大生活中的杠杆。但我又会因为想到了另一端的最终价值而高兴地跳起来。

讲到现在，杠杆原理似乎就是一系列权衡的问题。你可以举债购房，但那并不能增加你的财富。是的，你能住个更好的房子，但这伴随着风险。同样，对于采用杠杆的企业来讲，其中就涉及税收优惠和增加风险之间的权衡。而且，如贝娄强调、昆斯证明的那样，杠杆原理可以让你在提高了许多的水平上经营你的生活，但这些责任伴随着义务和失去自主权，可能会局限你的生活。如何选择完全取决于你是什么样的人，想过什么样的生活。

但现代金融认为，杠杆原理不只如此，它还具有某些类似于杠杆奖励的性质。看到企业对资金杠杆的使用如此之少，经济学家迈克尔·詹森提出，杠杆有助于解决现代资本主义的核心问题。他认为，管理者并非总能很好地为股东服务，也就是之前我们探讨过的“委托—代理”问题。管理者吝于使用杠杆，表现出了他们不希望承担义务的倾向，因为没有义务的束缚，他们才能进行一些也许并非对股东有利的活动。由此就能得出一个自然的推论，杠杆可以用来限制管理者进行对自己有利而并非对股东有利的行为。实际上，杠杆原理束缚了管理者，强制他们为他们的主子谋利。用詹森的话说就是，“无法偿付债务带来的威胁，是提高组织效率的强有力的手段”。

詹森举了一个十分贴切的石油工业的例子。在 20 世纪 80 年代，石油价格下跌后，管理者们违背经济原理，不愿停止钻井工作。企业继续向石油勘探及其他一些无关企业投资，完全超过了合理的程度，而他们本该将这些钱还给股东——其中部分原因是利润巨大且不用为任何人负责。通过强制性偿付债务捆住他们的手，就能避免他们破坏价值。这就是杠杆的好处。

生活中的杠杆原理也有类似的好处。詹森的观点是建立在管理者们追求与股东利益相悖的计划的前提下。这种矛盾我们在生活中也经常遇到。我们经常遇到这种情况，其实自己很明白该做什么，而且也清楚应该做，但出于种种原因，我们最终就是没有这么做，也许是锻炼，也许是戒烟，或者是多花些时间陪孩子。确实，自律是我们许多人生活中的基本矛盾，而最好的解决办法，如许多调查表明的那样，就是向他人做出有意义的承诺，保证我们会做该做的事。这些承诺也许是和朋友的高额赌注、昂贵的健身俱乐部，或者强制性的储蓄计划。这样的承诺有效地实现了现代企业中债务达到的杠杆奖励效果——限制了我们的选择，增加了做该做的事的概率。

杠杆奖励原理还不只如此。让自己在一段感情中投入很多，做出承诺，或许就能让自己进步。IBM 创始人托马斯·沃森，在给年轻人提出建议时说：“不要去交让你觉得舒适的朋友。交朋友，就要交那些强迫你承担更多责任的朋友。”向聪明、要求高的人承诺，能避免我们犯傻——这些承诺让我们受益。杠杆并非零和博弈。

除了能让你更有效率，能提高对自己的要求之外，投入一段有意义的关系对你本身就是有益的。实践心理学家乔治·范伦特，通过继续 20 世纪 30 年代末期哈佛研究生开展的“格兰特幸福公式”研究，协助完成了时间最长的、针对心理及生理发展的纵向研究。通过追踪记录研究对象七十多年的生理、心理数据，范伦特和同事提出了能证明影响长寿与幸福的最重要因素的证据。而他们得出的最终结论，按照约书亚·伍尔夫·申克的话来说，十分简单。

> 范伦特的另一研究重点，就是人际关系的力量。“是社交能力，”他写道，“不是智力或者父母的社会阶层带来了长寿。”积极的人际关系很重要——这关系并非一定要来自父母，也可以是兄弟姐妹、亲朋好友，或者导师之类的人物。他发现，男人在 47 岁的人际关系，比任何因素对其晚年生活的调整都要准确，除了防御机制（应对逆境的机制）。良好的兄弟姐妹间的关系似乎最为有力：在 65 岁时还精神旺盛的男人中，93% 都是年轻时与兄弟或者姐妹有良好关系的人。2008 年 3 月对格兰特研究对象的采访发布的时事通信中，有人问范伦特：“你从格兰特幸福研究公式的研究对象身上学到了什么？”范伦特回答说：“我发现，生活中最重要的，其实是一个人的人际关系。”

对他人的承诺不仅能让我们有更大成就，也是我们赖以生存，并让生活蒸蒸日上的情感寄托。

杠杆原理的力量在人与世界的关系中表现最为明显。也许最有价值的杠杆，就是你的同事、朋友和社会对你的尊重。人们对你的理解与尊重，能让你调动资源，让你有更大的活动空间。确实，托马斯·杰斐逊对名誉的价值的评价，又要让我们说回到阿基米德和他杠杆的力量了。在 1814 年 12 月，杰斐逊在致何塞·科雷亚·达塞拉的信中写道：“我一直认为，树立好的榜样比追随坏的榜样更值得尊敬，收益也更多。万人敬仰，就像阿基米德的杠杆，只要有合适的支点，就能撼动世界。”

让生活过得最为充实是我们大多数人的向往。就像边沁所说的，通过杠杆得到现在的资源所无法满足的更好生活并非不道德，它也许正可以带领我们生活得更充实、更高效。你投入一段有意义的人际关系之后，如何使用杠杆反映了你的性格和品位，反映了你是处于从奥威尔到昆斯的哪种程度。但不要害怕使用它，杠杆原理是能帮你取得更高成就的有力工具。最重要的是，杠杆原理也许真的能通过让我们为他人以更高的标准做出承诺，并强迫我们负责来促使我们进步。而且它也许真的能让我们的人生更充实、更长久，其效果超出我们的想象，而且还能在这过程中改变世界。

20 世纪 90 年代初期，杰夫·昆斯陷入了困境。1994 年，他正挣扎于离婚中，在他的教授事业的关键时期，他的父亲又过世了。昆斯开始了一个远大的目标，他要创造庆典系列——一系列巨大的色彩斑斓的彩蛋、气球狗和情人节爱心雕塑。但他的完美主义成本很高。一个彩蛋他画了 35000 个工时，但是因为不够完美，被他一下就摔碎了。在这个过程中，他的好几位经销商和资助人都破产了，昆斯自己的曾经有上百人的工作车间最后也只剩下了两个人。

但昆斯没有放弃他高杠杆化的生活。他又找了新的经销商资助他的艺术作品，用十年完成了他的这个系列，成了他最负盛名的作品。2014 年，惠特尼现代艺术博物馆腾出整个馆内场地——这可是前所未有的——展出了昆斯的作品。他的高杠杆化赌博收益极高。

显然，昆斯很理解杠杆原理的力量，而且将它直接运用在艺术创作上。在对他的标志性建筑《大力水手》，也就是在那个吃一罐菠菜就能变成力大无穷的超人的卡通人物的形象创作上，昆斯就将艺术与杠杆原理联系在了一起。昆斯看到它时，评论道："你能感觉到面前呈现着的是超然……他吃掉菠菜，就得到了超然的力量。我认为这就是艺术。菠菜就是艺术。艺术能改变人们的生活，它能扩大你的极限，能拓宽生命。"很难找到比这更好的对杠杆的定义了。谁能知道菠菜、艺术和杠杆居然有如此紧密的联系呢？

作为结尾，赌场大亨史蒂夫·韦恩 2014 年以 2800 万美元的价格买下了《大力水手》。韦恩的父亲曾在康涅狄格州通过杠杆打造了一个小宾果游戏帝国。韦恩 19 岁时，父亲去世，负债超过 30 万美元，结果就是韦恩不得不中途辍学。但韦恩并未被这些苦难击倒，他去了拉斯维加斯，一手打造了属于自己的帝国。正是对杠杆的巧妙利用，他才从金砖赌场走到了今天。《大力水手》今天就站在拉斯维加斯永利酒店的购物广场入口处——这里同样是由杠杆浇灌的梦想之家。

第七章

转败为胜

1789年，乔治·华盛顿开始着手组建能帮助这个新的还不稳定的国家站稳脚跟的内阁。他知道当时国家面临严重的财政困难，所以他成立了财政部。因为当时国家糟糕的财政困境，这第一届财政部长的人选显然是非常重要的。幸运的是，华盛顿心里已经有了个绝佳人选，这就是深受他信任的拥有传奇一生和无可挑剔的金融信誉的密友：罗伯特·莫里斯。

罗伯特·莫里斯，他是谁？难道这个绝佳人选不该是亚历山大·汉密尔顿吗？

如果不是因为几个关键性的重大抉择，莫里斯的头像现在就会印在10美元的钞票上，更别说出现在理查德·罗杰斯戏院的招牌上了。和汉密尔顿很相似，莫里斯被父母遗弃，他的童年十分艰难。不过得益于一次好运，他在当时费城的一家航运贸易和金融龙头公司找到了一份实习工作，他的机智让他青云直上，得到了和老板的儿子一起经营公司的机会。

莫里斯是一位热情的爱国者，而且是仅有的两位不仅在《独立宣言》，还在《十三州邦联宪法》和《宪法》上签了名字的人之一。华盛顿在1781年《十三州邦联宪法》所赋予的权力下，任命莫里斯为第一届财政总监（财政部长一职的前身）。任职期间，莫里斯开设了第一家美国中央银行，也就是北美银行，一家以解决这个年轻国度的财政危机为初衷而设立的银行。

但这些角色，却并非华盛顿称他为“革命的金融家”的原因。莫里斯在关键时刻，为了保证军需供应，以个人名义，包括以个人借据的形式为独立战争担保，最终保证了华盛顿在1781年的最关键的约克镇战役中力挽狂澜，决定了战局。为什么他的个人借据和货币一样强大？当时，莫里斯在商界的成功，用法学学者布鲁斯·曼恩的话来说就是，“美国经济一直都没有再见到像他一样成功的人士，直到一个世纪后的约翰·皮尔庞特·摩根和老约翰·戴维森·洛克菲勒出现……他是合众国初期最现代的经济人物”。

显然，在需要财政部长时，华盛顿确实有很好的理由去找罗伯特·莫里斯，但莫里斯拒绝了。因为他急于弥补独立战争中耗尽了的财富，所以推荐了汉密尔顿。也许你已经在拊额感叹了：“他是怎么想的？”但他为了金钱放弃为国服务的戏剧性故事还有更精彩的情节。

最初，莫里斯重聚资产的计划很成功。他的北美土地公司是美国历史上最大的、拥有约 2.5 万平方公里良田（比较一下，新泽西州都没有这么大）的土地信托公司（而且恐怕是第一个房地产投资信托公司）。他拥有纽约西部的一大片土地，以及后来成了美国永久首都的哥伦比亚特区的 40% 的土地。

这样一个爱国者、金融家和公务员，你们怎么会从没听说过？别愧疚，这位独立战争中的巨人已经成了那个时代的脚注。一向如此，因为历史是由赢家写就的，而莫里斯最后并没有成为赢家。他的房地产公司的基础是庞大的杠杆，他的几位合伙人还通过各种方式欺骗了他。18 世纪 90 年代中期，在华盛顿邀请他任财政部长仅仅五年后，莫里斯就因为承担不起债务，逃回老家躲避债主了。

最终，莫里斯的债主找到了他，而他也沦落到了那个时代所有无力偿债者终将流落的境地：监狱。而他坐牢时都还要付钱给狱警。他落魄得很彻底。因为他无法兑现承诺，在监狱里过了三年。1801 年他被释放，又在穷困潦倒中生活了五年。现在，他被埋葬在费城基督教堂一块不起眼的墓碑下，离他当时住的监狱就几条街远。

一位曾经是那个年轻国度最富有的人，差点就成了第一任财政部长的人，死时竟身无分文，在历史书里成了一个不起眼的注脚，什么才叫作一着走错……

但莫里斯确实有一份被低估的遗产，而且流传至今。用 19 世纪费城名人约书亚·弗朗西斯·费雪的话来说，罗伯特·莫里斯的破产“像一场小地震，所有人都战战兢兢地担心着自家的屋顶是不是也要塌了”。乔治·华盛顿甚至冒着感染黄热病的风险，去监狱与莫里斯一同用餐。莫里斯的轰然倒塌震动全国。莫里斯跌落的起点太高，因而冲击巨大，他留下的最大“遗产”，就是引发了这个年轻的国家对失误和财务困境的整体反思。这次反思带来了“破产”的概念，后来证明，这个概念对理解所有失误都是很好的向导。正如美国航空公司的案例中证明的破产的复杂性，阐明了矛盾的承诺是我们生活中必不可少的角色。

年轻的美国苦想十年而拟定的国家第一部破产法，于1800年提出并迅速被通过。布鲁斯·曼恩解释说，这完全是对莫里斯入狱的直接回应。“莫里斯会沦落至此，对许多人来说都是不可思议的……当议会终于在12月提出这个法案时，就是在两条街外正在监狱里踱步的那位伟人的巨大身影下完成的。议会的辩论第一次具有了实质性意义。”

1800年以前，无法偿还债务的人都被认为是没有道德的人。所以，债务人的最终命运就是入狱。事实上，纵观历史，对债务人的惩罚有没收财产、入狱、肉刑甚至死刑。清教徒信奉的是，没有比负债更可怕的命运，无论如何，债务都必须偿还。莫里斯沦落至深，完全改变了对破产的处理方式，曼恩指出，“这是法律中有关失败的一个里程碑”。

失败得到了重新定义，它不再是不道德行为或是犯罪，根据1800年的法案定义，失败只是承担风险的一种正常后果。如果失败只是承担风险的后果，那么法律就需要改革，不该再以债权人为中心。以此为罪惩罚债务人既没有实际作用，也不人性。确实，新国家急需敢于冒险的人，而对冒险者的严苛惩罚导致18世纪90年代末期美国经济发展滞缓。如果这个年轻的国家想繁荣，失败就需要被重新定义，而与失败相伴的耻辱柱也应一并减少。

这种转变的一个例子，就是本来债权人是唯一能宣布债务人破产的人，而1800年的法案为债务人自己宣布破产打开了大门。今天我们已经把这当成了理所当然——企业和个人可以自己选择破产，不用被追债到被迫宣布破产。但在1800年法案出台前，债务人是无法通过破产寻求保护的，在这之前法律就是用来保护债权人不受无情、不负责任的债务人侵害的。

随着债务人在破产上有了主动权，债务的“解除”也可以在债权人的同意下主动完成，这样商业代理人就能清零过去，重新开始。确实，1801年，在被免除了超过300万美元的债务后，莫里斯出狱了，因为法庭和他的债权人意识到，他确实无法偿还这些债务，莫里斯这才得以自由地和妻子在朋友的一小笔资助下度过晚年。

法律在对待失败态度上的转变在人们心中引起了更深的

共鸣。当我们自己或他人遇到失败，不该再被理解为或被看作是道德缺失。承担风险就无法完全避免失败的可能性，而失败应该被理解为不好的结果和值得学习的经验。将承担风险得到的不好结果当作道德缺失，会限制我们冒险的意愿，我们也就失去了从失败中学习经验的机会。我们为失败惩罚自己，就和给债务人戴上枷锁、投入监牢没有区别。

无法正视失败的组织，事实上有重复之前失败的倾向，而无法从失败中学习经验。我的同事艾米·埃蒙森，从美国航天局“挑战者”号“太空梭事件”到医院的医疗事故等案例中，研究过对待失败的态度。她得出的结论是，人必须承认，在今天复杂的工作组织中失败是无法完全避免的。那些发现错误、改正错误、从错误中学习经验的人，反而比其他人会先成功；那些一味指责的人则不然。

美国柏尚风险投资公司领头人将这个原理发挥到了极致，他们为所有曾有机会投资却没有投资的公司而高兴。这份“反投资清单”里包括谷歌、苹果、易贝网、脸书和联邦快递，这些都是他们放弃了的公司。如果能从中学习经验，那么这次失败就不该被当作耻辱。

失败的定义与道德缺失的分离，能得出一个非常自然直接的推论，那就是要将破产理解为重生的机会，而不是死亡的信号。允许解除债务只是破产法将重心从宣布死亡转移至允许重生的例证之一。要将破产导向重生，最重要的改变就是宣布失败后紧接着要进行的步骤。从罗伯特·莫里斯到雷曼兄弟的破产事件证明，建立一个有序的重生流程有多么重要。也许死亡与重生这些词好像夸张了一些，但其实这些理念是渗透在破产法的法律文字与实践中的。如布鲁斯·曼恩所说，“破产法的本质性两难从来都在于是死亡还是重生”。这也是收购陷入财政困境的企业的投资人即使被称为“秃鹫”，也不会退缩的原因。

在1800年法案出台前，都是债务人被债权人追债。莫里斯离开费城和家人，躲去乡下的房子里。他躲在二楼，仅用水桶从窗户里往外传递文字进行交流，以避免被捕。终于，债权人委托巡警带着六个手持镐、锤的大汉去乡下房子里抓莫里斯。后来讲述这件事时，莫里斯还提到，多亏当时他家里还有客人，否则“如果不是家里每一把枪都指着他们，那些人（巡警）五分钟就能抓到我”。

他和债权人的僵持让所有人，包括债权人都损失重大。莫里斯的土地被流民抢占，被税吏任意查收，整个房地产的价值都损失惨重。莫里斯的经历证明，破产程序其实一般不是为了保护债权人不被邪恶的无道德的债务人侵害权益，而是更重于保护债务人不因得理不饶人的债权人缺乏耐心而损失整体资产的价值。

2008年规模巨大的雷曼兄弟破产案更是绝佳的例证，证明了无序的、混乱的破产要付出多大代价，即使有更好的破产制度保护也一样。2008 年政府援助拍卖和紧急财政救助之后，雷曼兄弟破产案的规模和混乱性都是空前的，因为无人预料到它们突如其来的破产。承资 6000 亿美元的破产文件毫无预备，一天之内完成起草并申报。果不其然，因为宣告破产后那混乱的一周，索赔人蒙受了 750 亿美元的损失。

所以，什么叫作有序的破产？现代企业破产的四个关键特征，都是为了确保在破产的混乱中不破坏重生的可能而出现的，这和我们在生活中遭遇挫折也有相似之处。首先，宣布破产伴随着“自动冻结”。在一段时间内，债权人无权向债务人提出索赔，为了保证不会引发混乱，让债务人得以整理出有序的进程。

其次，破产程序要由公正仲裁人监管进行。事实上，监管破产程序的法官和受托人直到 20 世纪才正式被称为仲裁人。这些仲裁人就是为了平衡双方的忧虑而出现的。

再次，聘请专业顾问——律师、银行家、会计师——提供协助，达到最佳效果。这种外界援助和建议十分重要，顾问费用已经成了企业破产中最优先支付的一笔费用。

最后，债务人有权延期赔偿，以便他们能拿出一个计划，而这个计划，就是企业从破产中重生的关键。这个计划需要从展望未来的视角，提出企业该如何创造出最大价值，而不是把注意力全放在瓜分企业的残骸上。

破产引发的混乱——债务人因为一系列无法兑现的债务

手忙脚乱，而债权人又会提出许多紧急又矛盾的要求——就很像我们在生活中遭遇的挫折。我们在生活中对杠杆使用过度的话，就会遇到我们的能力无法承担的责任。商界的失败案例中，这套指引我们最终得到有利结果的逻辑，在生活中也时常见到。失败后轻率行事是不理智的。在制订未来计划中，寻求帮助至关重要。而且这个计划首先需要承认失败，承认无法履行诺言，但也应该以充分发挥你未来的价值为目标。我们不该因为失败而自我折磨，应该将其视为重生的机会。给自己创造一些喘息的空间（相当于自动冻结），（向家人、朋友、专业人士）寻求帮助，开始关注未来，而不是沉迷过去（制订一个重生计划）。

我学术生涯中最大的失败，就发生于从工商管理硕士项目转为博士项目的时期。工商管理硕士毕业后，我做出了一个不寻常的选择，就是去印度学习一年，然后回国攻读博士学位。我很清楚我没有应有的数学和统计学基础，但我根本没想到这个挑战到底有多大，直到我在博士学习的第一个学期，完全搞砸了微观经济学理论期中考试。我盯着那张蓝色的试卷，完全呆住了。我写的答案根本和题目没什么关系。我得了一个 B-，但显然是感情分，因为那是全班最低的分数。

我质疑过很多次当时选择的那条不寻常的路，其实我很清楚，本来还有其他的路可以走。我本来都打算联系不久前才邀请我去工作的招聘人员，但我最终还是先去找了教授。那次谈话我到现在都一直记得。他并没有质疑我的背景，也没有评估我和这个项目的匹配程度，他也没有不耐烦。他只是耸了耸肩说："这种事很正常。"他并没有让我感到愧疚，没有让我质疑自己，也没有向我保证什么。他的善意告诉我，我应该放下考砸这件事了。因为他的善意和智慧，那次考试的灾难并没有成为我长久的遗憾，而是成为我重新开始的起点。

到现在，我们已经看到了监管破产和财务困境的原则，那就是不能直接为我们的失败感到耻辱，而是要认识到失败可以成为重新开始的起点，而外界的帮助、耐心和缜密计划是稳定危机余波的最好方法。但真的这么简单吗？我们应该如此轻易地原谅失败的人，给他们一个从头再来的机会吗？这就是破产的全部意义吗？

虽然有些人确实纯粹是因为不幸而导致破产或失败，但大多数的破产和失败在道德层面上都没有这么简单。拿房主来说，有些房主本可以继续还贷，但他们的房子价值已经低于房贷的价值——2008 年经济危机初期，许多房主的命运都是如此。他们应该放弃房子，让银行去承担损失，还是应该继续偿还贷款？这种情况就很复杂，因为放弃我们的承诺会引起许多道德问题：承诺究竟意味着什么？如果我违背承诺，受损的是谁？如果我不食言，受损的又是谁？在购房这个例子中就是，如果我放弃我的房子，我的邻居会受损吗？如果不放弃，我的孩子呢？

1982 年，24 岁的杰拉德・阿尔佩加入了美国航空公司的团队。2001 年，他已经成了运营主管，并且在 2001 年 9 月 11 日，早在联邦航空管理局要求前，他就勇敢地站出来，决定停飞美国航空公司当天的一切航班。21 世纪之初，作为首席执行官的他再次面对考验。他的主要竞争对手们都已宣布破产，这样他们就能重新就昂贵的养老金和劳工合同与工会进行谈判（也有人说是试图违约）。美国航空公司是唯一一家没有利用破产法争取工会议价权的公司。对阿尔佩来说，这就是一个道德问题："你可以说我老派。但我认为企业应该回馈社会。我认为企业应该遵守对员工和社会的承诺。"

2010 年，美国航空公司经营状况惨淡，而当时它的大多数竞争者都已经宣布破产，并完成了相互并购。阿尔佩承受着巨大压力，仍坚持拒绝利用破产作为重组工具："我仍然坚信，有时候企业的原则会迫使你放弃自己的原则。我相信从长远来看，我们对债权人遵守承诺，坚持投入养老金计划，自愿尽力完成我们该完成的义务，其实对我们的机构和股东是有利的。"他也因此被誉为首席执行官的道德典范。大卫・伯恩——前美国议员、美国航空公司董事说："阿尔佩对公司和员工的绝对忠诚在美国企业确实少见……如果能有更多像他这样有责任感、有性格也有能力的人，我们的国家一定会好很多。”

2011 年，阿尔佩被汤姆·霍尔顿——当初他任命的董事会主席和其带领的董事会成员——逼宫了。2011 年 11 月 29 日，霍尔顿和董事会通过投票，启动了美国航空公司的破产程序，同一天，阿尔佩辞职。阿尔佩没有得到遣散费，支持破产的霍尔顿接管了公司。美国航空公司破产律师说，“此事事关重大，关乎着公司的存亡”。事实上，美国航空公司宣布破产时，手头的现金还有近 50 亿美元。正如霍尔顿所言，导致它们无法继续运营的，其实是“他们相对于竞争者的成本地位”，这部分差额就是劳工合同以及义务缴纳的退休金。破产能让他们重新谈判这些合同，加大工会的压力，迫使其妥协。他们首先采取的措施，就是宣布他们的劳资谈判合同多个部分无效。没有破产法的保护，这些是绝对做不到的。

阿尔佩回忆道：“我相信尽力兑现承诺，对公司形象和长远利益都是很重要的。不论是从公司层面，还是个人层面，以为能随便摆脱一切债务和责任，是很不明智的。”他的一诺千金得到了许多人的敬佩。宣布破产的第二天，《纽约时报》就在专栏上发表了对阿尔佩的评论文章，题目就是《一位首席执行官的道德准则》。

美国航空公司破产案和阿尔佩的极力反对，展现了为什么很多人都对破产没有好感。是的，金融教导我们，原谅失败的人，给他们一个新开始。但就这么轻易地放弃承诺难道不是错的吗？无法兑现承诺的人难道不该负责吗？如果我们允许，不论是破产还是别的失败，都不需要被惩罚，不需要付出代价，那么如何保证他们不会在没有必要破产的时候也借此牟利呢？那样破产已经不是因为失败，而是成了策略性的协商工具。事实上，像美国航空公司这样的破产，就叫作战略性破产，听起来很有种特朗普式的作风。

美国航空公司的故事引发的道德质疑，在其他情况下也会出现。我就遇到过，那是我唯一讨厌的工作内容——处理学生的成绩和出勤问题。哈佛商学院的出勤政策十分严格，所以只要报名选了课，就是一份极重的出勤承诺。而且这个责任还被进一步放大了，因为案例研究的积极讨论需要每个人的投入和参与。哈佛商学院还有一个强制评分曲线，最后 10% 的学生只能不及格，而旷课的学生则很可能身处这 10% 中。因此，我就不可避免地要在微观层面上处理学术公平的问题了。

有时候这个问题很简单：亲属离世，学生请假合不合理？当然合理。但一般没这么简单："潜在雇主要求我坐飞机去面试，我能请一次假吗？""我遇到一个千载难逢的机会，我崇敬的风险投资人来校园里讲座，我能请假吗？""我今天早晨起来头痛，能请假吗？""明天有个作业必须交，我需要更多时间才能完成，我能请假吗？”这些只是我们这些教授在职业生涯中遇到的一小部分问题——人们为某一个共同目标做出了承诺，之后请求你宽恕他们食言。

我对这些问题的回答一般都是：“可以，去吧。”但我会扪心自问，真的可以吗？为什么你要把这个承诺置于你向班级所做的承诺之上？你已经做出了承诺，就该兑现。确实，如果不让他们承担后果，我是不是等于在鼓励不负责任的意识，在鼓励食言呢？而且这难道不是等同于惩罚那些哪怕头痛，也努力兑现承诺的学生吗？我说“可以”，是不是因为其实我知道那些寻找借口不来上课的学生，最终都会在期末因为成绩来找我抱怨呢？那么我的这句“可以，去吧”又是在给他们一种什么样的激励呢？

简而言之，我是在问：“他们为什么不能都像杰拉德·阿尔佩那样？！他们为什么不能信守承诺？”然后我意识到，无法让他们像杰拉德·阿尔佩一样负起责任是我工作中唯一不喜欢的一点，于是我又开始对他们脱口而出：“可以，去吧。”

相比我们人生中可能遇到的类似问题，这些太微不足道。一位密友寻求你的建议，因为他正要和相伴十年的配偶离婚，而离婚将不可避免地对他的两个孩子造成重大影响。你该怎么建议他，要充分考虑到他对妻儿所做出的承诺？你能简单地说“你得为你自己考虑吗”？或者说，“你不能这么做，因为你很严肃地做出过承诺”？

说到底，这就是为什么破产决策总是这么让人焦虑又别有趣味。破产对人们如此重要，是因为它表现出了我们对承诺的态度，以及该如何避免背上相冲突的义务。绝对的道德准则，比如“人必须信守承诺”，或者随口回答“去吧，别管什么承诺了，为你自己着想”，都是不够的。生活中最难的时刻，是责任和义务发生冲突时该如何去应对。就像破产决策的核心是，如何应对竞争和看起来无法持续发展的、由公司或个人做出的承诺之间的冲突。

在《善的脆弱性》中，哲学家玛莎·纳斯鲍姆讨论的正是这种完成义务冲突的困难性，她指责伊曼努尔·康德和其他许多人在责任问题上所提出的绝对主义。纳斯鲍姆对康德的评论有些苛刻，但她基本的观点并没有错：从字面意思看，康德确实认为所谓的义务冲突不存在。如果你陷入了冲突中，那就说明你还没给自己的责任和义务分好轻重缓急——要是想清楚了，就不会出现冲突。对康德来说，道德就是要履行好责任，而这些责任是清楚而明确的。康德肯定会喜欢阿尔佩。

而纳斯鲍姆认为，世界没有这么简单，她以希腊悲剧为例，证明了美好生活并非是将生活中的所有责任排出先后顺序，然后依次完成这么简单。生活并不是十分有序的，它混乱而复杂，所以责任之间有冲突才是常态。纳斯鲍姆认为，也许创造美好生活，需要的正是反常识性的在这些互有竞争的责任之间的游刃有余。

比如在埃斯库罗斯的《阿伽门农》里，天神们命令，如果阿伽门农想在远征中得到保佑，就要献祭他的女儿依菲琴尼亚。阿伽门农陷入了两难，一面是忠诚于神与军队的使命，一面是自己的女儿。如果他拒绝献祭女儿，就会有人死亡，包括他女儿。阿伽门农在选择中挣扎着："如果不服从，将天降大难；但杀死女儿，我的掌上明珠，让一位父亲在神坛旁用女儿的血染红双手，同样无法承受。这两件事，哪件不邪恶？"

在义务冲突之间挣扎的主题在《薄伽梵歌》——一部印度教的中心教义中也有迹可循。这个故事围绕战士阿朱那展开，在战场上拼杀的他意识到，他所杀的敌人，许多都是他的家人。正如催促阿伽门农快点行动的合唱，克利须那神要求阿朱那去完成他的使命，去杀死他的家人，不要为义务冲突束缚，或者，像托马斯·斯特尔那斯·艾略特的名言："这不是永别，而是远航，旅人们！"阿伽门农最终选择了杀死女儿，而阿朱那则选择了与家人战斗。纳斯鲍姆将这些义务冲突的悲剧描述为生活的常态，她不认为阿伽门农或阿朱那可以通过为义务排序而解决这种两难处境。

这些看起来夸张的戏剧性故事和我们的生活能有什么联系？在 1988 年纳斯鲍姆接受比尔·莫耶的采访时，类比了希腊悲剧和她自己作为员工和母亲的挣扎。但她没有听从那些轻率的“投入更多”或者“想办法兼顾”之类的建议，而是认识到了这些义务冲突间固有的联系，并且全心投入，周旋在这些冲突的义务之间。她将这种冲突视为生活充实的表现。对纳斯鲍姆来说，感受这些矛盾责任带来的不确定性，正是美好生活的精华所在。在《善的脆弱性》中她写道：“我的价值观越丰富，就越愿意面对这种（应对义务冲突的）可能性；但尽力避免这种可能性的生活，恐怕注定贫困。”

在美国航空公司破产案中也能看到类似的原理。2011 年 11 月 29 日（破产申请当天），美国航空公司股价暴跌 80%，直至 0.26 美元，许多公司债所有者都损失重大。但其实整个 2011 年都不太平。2011 年初，股价是 7.76 美元，申请破产前已经跌到了 1.25 美元。在阿尔佩拒绝申请破产期间，美国航空公司已经危机重重——美航更新老旧飞机的计划受阻，因为飞机制造商担心美航命不久矣，不一定有钱偿付飞机制造款项；合作航线也开始质疑和美航的代码共享协议；更有流言称，飞行员将趁美航还有偿付能力时，为了更高的养老金大批退休；还有人质疑信用卡公司会不会继续支持美航购票。这些潜在因素都是美航即将终结的迹象，因为它们的破产破坏力太大。

事实上，许多人认为阿尔佩拒绝破产让公司陷入了更大的危险——他们认为他早就应该宣布破产，以便美航有更大的长期存活的机会。在内部，阿尔佩的下属们也认为公司破产前的策略是“缓兵之计”，核心思想是“我们认为可以做的，而不是我们认为必须做的”。

破产的实际过程非比寻常。全美航空公司的首席执行官嗅着血的味道而来，其实它是家相当小的航空公司。全美航空提出平等并购，想利用美航的弱势牟利。而阿尔佩的继任者霍尔顿拒绝了全美航空，因为美航的规模要大得多。霍尔顿很快着手于改革工作制度，重新进行劳工协商，将美航每客运里程的劳工费用（每位乘客每英里航程上，美航需要投入的劳工费用）从 4.25 美元减少到了 3.5 美元，接近其他大型运营商的成本。养老金则被完全取消。

工会被这些通过申请破产而进行的一系列措施和美航还在继续寻找协商筹码的事所激怒，私下与全美航空首席执行官直接见面，并商定了并购。当全美航空的首席执行官发布这个消息时，霍尔顿重新开始协商，并意识到并购已经不可避免。2012 年美航的运营改善，也就是降低人工成本、引进新型飞机、更新盟约和意外的油价降低，让美航在与全美航空的谈判中有了更多筹码。最终宣布的并购方案中，美航得到了整合后实体的 72%，而非一开始计划的 50%。得到反托拉斯许可后，美航终于在 2013 年 12 月 9 日摆脱了破产的危机。然而因为霍尔顿和工会的不和谐历史，全美航空的首席执行官成了合并实体的新首席执行官。霍尔顿在位仅仅两年出头。

最终，在破产申请时购买过美航股票和债券的人，基本都在两年后赚了五倍到十倍的利润，没有抛售的股权持有者都挽回了损失。但是劳工就吃亏了：据估计，美航通过重新协商劳工合同，每年就省下了超过 10 亿美元的开支。

今天，美航成了世界上最大的航空公司。破产申请期间，美国航空公司和全美航空公司（包括他们的地区性航线）共有员工 115530 人，其中 100896 人是全职职工。到 2015 年末，美航（包括其地区性航线）已增长至 118831 名职工，其中 102744 名为全职职工。2015 年期间，美航的报告利润超过 70 亿美元，据其首席执行官称，这是航空公司历史上报告过的最高利润。

这个悲惨的故事该如何理解？谁才是其中的英雄？我以前的学生吉姆·杜贝拉是美国航空公司有 25 年飞行经验的老飞行员。今天，杜贝拉对霍尔顿和阿尔佩的评价是这样的：“对二人究竟孰是孰非争议很大。作为一个损失了一大笔养老金的人，我当然应该站在阿尔佩这边。但是，作为一个金融专业毕业的人，我认为阿尔佩应该从更实用主义的角度考虑问题……霍尔顿看到了不得不为之事，并且毅然行动。作为首席执行官，必须果断、清晰地下达战斗指令，否则你就会输。在阿尔佩先生的领导下，我们并不团结。其实说出这句话我非常痛心，因为我很尊敬阿尔佩先生，非常尊敬。至于霍尔顿先生，他的果断立竿见影，但他永远也无法重新获得他员工的信任了。”

霍尔顿的决定正确吗？阿尔佩呢？阿伽门农呢？

那么，一个破产的爱国者、一家失败的航空公司和一个献祭了女儿的父亲，这些悲剧故事，能如何帮助我们得到更好的生活？纳斯鲍姆认为，我们该学到的是：不要试图避免这些相互冲突的责任与义务，只能迎难而上。在她和比尔·莫耶关于对欧里庇得斯塑造的赫卡柏的讨论中，她提炼出了美好生活的真谛。赫卡柏的故事称不上一部能给人以启迪的作品。赫卡柏失宠——失去了丈夫，从皇后变成了奴隶，而她选择了欣然接受命运。她将她最小的孩子托付给了波林涅斯托耳王，但当她得知孩子正是被波林涅斯托耳王杀死时，她就无法再欣然接受了。最终她将利刃刺入了朋友的双眼，并杀死了他的两个孩子，大仇得报。这个可怕而暴力的故事教会了我们什么道理？纳斯鲍姆是这样想的：

> 我认为，出现这样的结果，并非因为她是坏人，反而从某种意义上讲，恰恰是因为她是一个好人，因为她拥有过一段她愿意赌上自己良心的深厚友谊。那么这出戏中最令人不安的，其实是善良的代价，就是你永远都有可能因为你无法阻止的事情而遭受

> 道德毁灭。做一个善良的人，就是要对世界敞开心扉，要有一种能信任超出你掌控的不确定事物的能力，有时这会让你在并非你导致的极端情况中受到极大伤害。我认为这很能说明道德生活状况，那就是道德是建立在信任不确定性和愿意冒险的意愿上。它的基础更像一颗植物而非宝石，是一种很脆弱的东西，但正是它的脆弱，给了它一种独特的美。

我们都是脆弱的生物，都徘徊在破产边缘，都在我们对生活中的事物非常在意而产生的义务冲突之间挣扎。就像哲学家查尔斯·桑德斯·皮尔士所说的，如果不再用心去感受这些冲突的责任，以此拒绝不确定性，那将是一种错误。

说回美国航空公司的故事上来。阿尔佩似乎是将自己当作了宝石，拥有绝对的果断，对未来何去何从有不可动摇的信心，拥有康德式的理念，面对责任有坚定的原则。但纳斯鲍姆认为，虽然这种坚定吸引力十足，但事实上，是一种对义务冲突、对面前的两难选择的逃避。如此说来，霍尔顿也许就是挣扎于这些矛盾责任中的植物，在破产程序的淤泥中挣扎，为陷入泥潭的航空公司探索绝处逢生之路。也许霍尔顿才称得上具有《纽约时报》专栏中所谓的“道德准则”。

我并非向你们推荐破产，或者以霍尔顿为典范。我也不认为纳斯鲍姆会支持走赫卡柏的路。但纳斯鲍姆确实认为，悲剧有时就是努力经营生活的证据：“我总是需要在冲突的、看起来无法比较的商品中选择，而这些情况就有可能让我陷入一个无可避免的境地，要么做错事，要么做出错误判断……我不认为这些仅仅是悲剧的组成部分，其实在我看来，这些恰恰是日常生活中无可避免的因素。”同理，破产不是通过简单的道德准则或者某些决策规则就能判断的。相反，破产是一个能够让人深切体会到相互竞争的责任的过程，就像美好生活一样。

The
WISDOM
of
FINANCE

第八章

为什么大家都讨厌金融

在最后一章中，我想从思考金融与我们日常生活的交集上退一步，问一个新问题。如果金融的概念如我所说的一般高尚，为什么整个世界对金融的印象是一致的负面？更进一步，如果金融的概念对生活具有如此积极的作用，为什么所有人都讨厌它？我们又该怎么办呢？

在1935年给女儿的信中，爱尔兰作家詹姆斯·乔伊斯推荐了一个很特别的故事，他说那是“世界文学史上最棒的故事”。乔伊斯本身就在文学上有极高建树，他推荐了一个与金融关系极深、探讨了我们已讲过的许多概念的故事。这个故事能阐明为何所有人都讨厌金融。

故事一开始，讲的是一个农民帕霍姆，他总抱怨说要给隔壁邻居交罚款，因为他养的家畜经常偷偷溜去别人那里。当听说这位房主也许要卖掉她的土地，帕霍姆就开始考虑，要不要购买一部分，这样就不用继续交罚款了。但他知道其实他买不起多大一块地。

金融拯救了他！为了把握购买土地的机会，帕霍姆借了一大笔钱，生动地展现了杠杆的力量。交易流程如下。帕霍姆支付一部分定金，在他继续融资期间，保证土地的购买权，就像两千年前泰勒斯首创了期权，以之创造了风险与商机一样。帕霍姆又借了些钱买种子，大获丰收之后，成功还清了所有债务，成了“名副其实的地主”。帕霍姆“满心欢喜……之前他路过那片土地时，它还与其他土地没什么分别。但现在它成了某种特殊的东西”。

后续故事和金融的关系就更深了。其中讲到了其他农民破产后出现了土地大拍卖，讨论作物选择带来的风险，通过公社风险共担的例子，以及购买土地牵涉到的估值。确实，这个故事都可以当作金融学入门教材了。

然而那位农民却并不开心，成了地主后，他发现自己成了向其他农民收取罚款的人，而罚款则带来了冲突，他开始坐立不安。帕霍姆搬到了别处，那里有更多土地可以购买。他再一次精妙地使用了杠杆，买下了更多土地。“一切看起来都十分美好。但是还没有适应新生活，他就又开始局促不安了。”

帕霍姆遇到一位商人，商人告诉他，很远的地方有一片土地，由巴什基尔人占领着，他们有充足而肥沃的土地，而且容易受骗。帕霍姆离开了妻子，带着许多用来贿赂那些巴什基尔人以骗取土地的财宝，踏上了去那片土地的旅途。他和当地的巴什基尔人搞好了关系，开始和一位巴什基尔的长者协商购买土地的问题。当帕霍姆问及土地的价格时，那位长者回答："我们有既定价格——1000 卢布一天。"帕霍姆很疑惑，他以为土地是按英亩买卖的。长者解释道，用 1000 卢布，帕霍姆就可以尽全力圈占土地，在一天内圈占的所有面积都归他所有。

帕霍姆喜出望外，能获得那么多土地，他想都没想就点头同意了，却没考虑到最关键的一点——如果日落时没能回到起点，他的钱会打水漂，土地也一点儿都得不到。做了一晚上噩梦后，他再次去找巴什基尔人，设定了起点，随着太阳的升起，开始了长途跋涉。

虽然一开始进行得不错，他很快迷上了沿途看到的肥沃土地，然而炎热的太阳终于让他筋疲力尽，最后他不得不伴着落日向起点飞奔。他又口渴又害怕，气喘吁吁地让自己达到了极限，终于在太阳落山的那一刻回到了起点。

然后他就倒地毙命了。

列夫·托尔斯泰所写的最后一句话，回答了这篇故事的题目中的问题——多少地才够？

"帕霍姆的工人拿起铁锹，为主人挖了墓穴——从头到脚刚好一米八三，然后埋葬了他。"

我的讲述其实省略了托尔斯泰在故事的前半部分中提到的大段具体细节。其实这一切，都是在梦中造访帕霍姆的魔鬼干的好事。在故事前部，帕霍姆就告诉妻子：“只要我有大片土地，我连魔鬼都不怕！”听到了这话，魔鬼回答：“我将给你足够的土地，并以之将你握入我的掌中。”魔鬼将嫉妒和贪婪的种子种在了前期事业成功的帕霍姆心里，看着帕霍姆因为它们一步步掉入了自己的陷阱。

其实大多数人，都说过和帕霍姆类似的话。基本上就是“如果再多一点儿什么，我们就能得到什么”，有时也会是以讨论“数字”的形式——金融从业者之间的常见话题：他们需要累积多少财富，才能追寻自己的梦想。

托尔斯泰关于永不满足的欲望的故事，其实是人们心中对金融文化框架最常见的印象，在金融故事中尤其如此。

我最喜欢的关于金融的小说，是西奥多·德莱塞 1912 年发表的《金融家》。曾当过记者的德莱赛塑造了小说主人公弗兰克·阿尔杰农·柯帕乌（他的教名阿尔杰农是致敬阳光天真的霍雷肖·阿尔杰的故事），他笔下的主角是强盗式贵族，小说里有关金融的细节也都十分准确。作为一个行事谨慎的银行家之子，柯帕乌寻找着人生意义。他不满意母亲给他讲的故事，因为那里面说伊甸园才是智慧的来源。他反而喜欢上了附近一家宠物店里的情景：一只龙虾要吃乌贼，而乌贼则在奋力挣扎，最终乌贼还是死了。对柯帕乌来说，这个场景揭示了世间一切真理，这个小事件让他印象深刻。它以一种残酷的方式回答了很久以来一直困扰他的问题：“生活是如何组织在一起的？”万物依存，仅此而已。

作为一个 13 岁的孩子，柯帕乌路过一次拍卖会，就用不是自己的钱（父亲借给他的钱）买了价值 32 美元的七箱肥皂，然后去了家庭杂货店，转手卖出，换得了一张价值 62 美元的支票。接着他用这张支票还了欠父亲的钱。没有花一分钱就利用杠杆在一天内净赚 30 美元，他一下迷上了这个行业。柯帕乌的赌注越来越高，也经常有输有赢，其中有些甚至不合法。后来他陷入“轧空”，因为滥用公共资金入狱，然后又从头再来。他对金钱无休止的欲望的故事，和他的滥性、通奸以及对美术作品的占有欲交织在一起。德莱塞最终将这部作品写成了三部曲，为避免产生歧义，起名为《欲望三部曲》。

德莱塞想通过《金融家》捕捉的是什么？在德莱塞眼里，后内战时期的金融让他想起了罗马帝国的衰亡。德莱塞认为柯帕乌的故事，甚至金融这门学问，能让人想起“当人类的思想挣脱了古时的信念和幻觉，又不接受新的信念时，就成了一种奇怪而强大的残忍的东西。于是心理活动被欲望、野心、虚荣驱动，没有了任何缓和的因素，也就是我们推崇的同情、温柔和公平竞争”。这个描述就和现代大多数人心中对金融的印象极为类似。

从柯帕乌很容易看到布莱特·伊斯顿·埃利斯的《美国精神病人》里的华尔街人戈登·盖柯，还有唐·德里罗的《大都会》中的艾瑞克·派克。柯帕乌这个形象其实很丰满，很容易引起人们的共鸣。渐渐地，金融故事中的主角已经不再容易引起共鸣，而是愈加现实，愈加可怕而机械化。但所有这些角色的共同点，都在于无休止的欲望。随着每一个新角色的出现，金融的底线就再次刷出新低。这种堕落反映了社会对金融日益增长的不满。现在超过半数的美国人都十分相信，华尔街对经济的负面作用多过正面作用。

其实金融得到这样的恶名也不算出乎意料。因为马克·吐温和菲利普·罗斯都说过，现实中的人，比小说家能想象出的角色有过之而无不及。最新、最完美的金融人物原型就是现实生活中的马丁·施克莱里。他是阿尔巴尼亚移民的儿子，推出了一款对冲基金，被指控证券欺诈；他还开了一家制药公司，让一款高效药物的价格增长了5000%；被传唤至国会做证时，他引用了第五修正案；他花数百万购买了一张绝版“武当派”专辑（还拒绝分享）；他直播自己的真实生活，包括和未成年女孩调情打趣。而这一切，都是在他33岁前完成的。真实的金融人物如此，谁还需要小说？

鉴于现代社会对金融的描述的普遍主题就是无止境的欲望，问题就来了：这种无止境的欲望的主题真的能反映金融的根本理念吗？人们很容易得出一个结论，那就是，金融的全部意义就是个人对欲望的追求。毕竟，当华尔街人戈登·盖柯说“贪婪是好事”时，他难道不是描绘了经济学中的一个关键理念——有时候追求个人利益是能带来好结果的吗？

事实上，金融最基本的概念是质疑对欲望的追求。它是如此基础，以致大家都达成了共识，学校也不会专门教授，就像我也没有提过一样。

我们已经看到，金融的主要内容就是风险和其无处不在的性质。保险和风险管理（期权和分散投资）是我们用以规避风险的工具。资金成本和预期回报反映了我们对所承担的风险所收的费用。然而这一切的基础就是，人是不愿意承担风险的，所以我们才需要风险管理，才需要在为他人承担风险时向他们收取费用。如果人们对风险毫不在乎，金融的大部分体系就要崩溃了。保险和风险管控没有了存在的必要，承担风险也就不必收取费用了。

我们对风险的厌恶从何而来？有一个办法来理解这个问题，那就需要回到金融和赌博的联系上去思考。你愿意打这个赌吗？“如果硬币正面朝上，我给你1000美元；如果是背面，你给我1000美元。”因为正面和背面出现的概率相同，所以你的预期回报等于零。

那么你愿意赌吗？如果将赌注改成10万美元呢，或者10

美元，你会改口吗？如果你根本不在乎风险，那你肯定会很乐意下注。如果你很爱冒险，就算要交钱你都愿意赌，因为它不仅有获利的可能，还有让你着迷的不确定性。如果你喜欢规避风险，那只有再增加点好处你才会来赌博。怎么给你好处呢？那就是让获胜的收益大于失败的损失，那样期望回报就大于零了。这就相当于，有人出钱请你下注。

这类思想实验争议很大，其中就包括博彩业是否证明了有些人天生就爱风险。但风险厌恶和为风险定价反映了我们大多数人的直觉——有好处才愿意下注。而且金融的原理在很大程度上是依赖于规避风险的概念的。所以就再次说到了，没有风险规避，保险也就不会存在了。

但风险规避又能说明我们有什么潜在的偏好？获得 1000 美元和失去 1000 美元，后者感觉失去更多，又证明了什么？我们用穷困时赔钱的感觉跟富有时赚钱的感觉比较，风险规避就体现出了一个事实：这两个 1000 美元对我们来说价值不等。穷困时失去 1 美元与富有时得到 1 美元，在感情上就是不对等的。换句话说，随着我们获得的金钱增多，每增加一单位金钱带来的满足感是越来越少的。在正式的术语中它叫作“金钱边际效用递减定律”。

当然，也有需要注意的地方。事实上，行为金融学的主要内容就是修正这种不平等的感受，比如，对损失和收入的不同反应。

所有金融分支都有一个共同的基础：那就是追求越多，带来的收益一定是越来越少的。任何不符合这个基础概念的期望，都是违背金融原理的。积累的游戏，就是随着一个人得到的越来越多，随之而得的满足感也就越来越少。想通过财富的积累得到更大的满足感是愚蠢的，这是金融概念的基石，而且基本上人们的金融行为和他们给人的感受都和这原理相悖。

那么为什么大多数金融从业者都已忘记这个金融概念的基石，而大多数非金融从业者却铭记在心呢？对我来说，这就是个最大的谜题，一个我至今还没有解答——至少没有完全解答的问题。

一个过度简化的答案就是，所有人都误解了金融。它其实是一个高尚的职业，人们抱着高尚的理想行事，却依旧被人中伤。这些诽谤反映出了一个由来已久的偏见，这个偏见应该能追溯到苏格拉底所谓的“视金钱如粪土”了，人们反对一切不能产生出有形价值的活动。对金融的妖魔化一直伴随着我们，正好反映了这个无知的偏见。

还有一个简单的解释，那就是金融会吸引思维模式单一的人，以及有极深的、无止境的欲望的人。金融业务并非坏事，只是被金融吸引来的坏人远远多于好人而已。

我想这些可能性都是有事实支持的——真希望就只有这

些了。

但恐怕并非如此。我认为金融本身就会在涉足金融的人心里激起无止境的欲望。我认为帕霍姆和柯帕乌的经历是可能发生在我们每个人身上的。杠杆能让人在过于年轻的时候就获得巨大成功，而这种成功能带来巨大财富——就像帕霍姆和柯帕乌。问题是该如何理解这种成功。心理学家所提出的人类心理倾向是，认为这一切是个人能力，而非天时地利。人们总是自然地认为成功并非因为运气，而是因为个人能力。所谓的归因误差，在生活中处处可见。

但在金融领域，这种错误的规模和量级比其他领域都大。金融从业者的决策能持续性地通过市场得到反馈。而这些决策一般带来的结果不是特别好，就是特别坏。坏的结果会很快通过理智分析，被归因于环境因素；而好的结果，一般都被认为是个人能力产生的。这种自我欺骗是完全可以以这种模式持续多年的。确实，人需要持续这种模式才能在金融界保持自信和成功，否则就太打击人了。我的金融界最成功的朋友们也不怎么谈论他们失败的投资。

金融领域中的归因误差的频率和量级与其他行业完全不在同一水平。在商务、法律、教学和医药（除了手术）领域，我们只有在数月乃至数年之后才需要直面成功或是失败的考量。在金融界，尤其是对投资者，归因是日常惯例，完全可以计量，而且数额巨大，远超出一般人所能拥有的资金。此外，“市场规则”制造出的“精英迷雾”笼罩着整个金融。因为这个混乱而充满竞争的市场，投资者才会认为结果表现出的是个人能力的高低，而不承认偶然在其中的权重。最终，所有这些归因误差导致成功人士很容易滋长极度的自负和贪婪。

当然了，金融界并非所有人都是如此。金融界还是有很多谦逊的好人的，而且也有真正掌握了极高金融技巧的人。但类似柯帕乌和帕霍姆的大有人在，所以最终才造成了这种印象。金融市场甚至让这种现象蔓延到了经济的其他领域，比如相信公司会不断升值的硅谷企业家。金融市场用定量精度的气派，放任我们把取得的成果跟自己联系在一起。

这就是金融的浑蛋理论——坏的不是金融，也不是金融吸引来的人们，只不过金融就是有滋长人的自负和野心的巨大力量。

果真如此的话，那么真正的问题其实是：我们要怎么避免这种从事金融就必然要面临的个人风险？我想能帮我们规避这种风险的最好办法就是富有想象力的作品和工作，就像华莱士·史蒂文斯所说：找到能帮助我们留住金融中有意义的事的故事，能让我们规避归因误差，也许就能避免我们自己也成为普遍的、令人沮丧的金融浮世绘。

所以，我们就只剩下一群金融的反英雄了吗？能讲的金融故事就是只能警告人们小心无尽的欲望吗？金融人士都是帕霍姆、柯帕乌、派克和施克莱里吗？就没有一个作家能写出一个金融技能高超，但并非完全自私自利、通过行为证明金融的智慧的角色吗？

幸运的是，现在就有这么一个角色完全符合我这番描述。只是创作了这位角色的作家不是男人，这个角色也不是。

作家薇拉·凯瑟在《啊，拓荒者！》中对亚历山德拉·柏格森的描绘，就是金融教科书里的典型故事。亚历山德拉是19世纪末从瑞典移民来到内布拉斯加州的第一批拓荒者，拥有一片农场和三个弟弟。她就是一位模范金融家，展现了许多金融原理，却并没有落入像前面所说的那些反英雄的陷阱中。

想想亚历山德拉：当弟弟们劝她在危急中以低到极点的价格卖掉他们的土地时，她却想出了一个办法，利用杠杆反向思考，以低价买下了周边更多的土地，让家人从为生计挣扎的农民一跃成为独立的地主。当她建议卖掉家里的所有耕牛，尽可能去借钱，就为了“凑起能凑的每一分钱，能买多少土地就买多少地”时，弟弟们都觉得她疯了。她复杂的融资计划，包括将宅邸抵押出去，指望未来收入偿付债务，只有在她对未来房价的估计正确的前提下才行得通。

亚历山德拉怎么就知道能成功呢？她是如何估计风险的呢？取样。她和弟弟埃米尔转遍了相邻的所有郡。“向男人了解收成，问女人家禽畜养的事宜。她和一个曾去远方上学的、正在培育新型苜蓿草的年轻农民聊了一天，学到了不少东西。”

她在旁边一片土地上看到了期权价值。其他的土地要么有风险，要么回报有限。“地在他们手里没什么确定性，但对我们，是巨大的商机。”亚历山德拉看到了一个输少赢多的期权式机遇。

她弟弟卢希望能确认她选择的正确性：“但你怎么就知道这片土地能升值到还清按揭贷款呢？”亚历山德拉知道风险是无法完全避免的，所以她回答：“我就是知道。如果你在国内转一圈，你也能感觉到这个趋势。”经验和富于想象让她有了面对不确定性的勇气，她的计划最终成功了。她的恋人卡尔，当时就举家搬迁，放弃了承担这样风险的机会，他说：“我当时绝不会相信这个计划能成功。我对自己的判断和想象力很失望。”

亚历山德拉很看重分散投资，并且专门咨询了伊万——一个常因行事方式和思想都很标新立异被人嘲笑的长者，因为她很看重他对农业与众不同的看法。

当问起当时与她意见不统一的弟弟卢时，亚历山德拉回答道：“卢和我在饲料的问题上意见相左，这是好事。全家人都统一思想才不好，这样是没法发展的。我和卢可以互相从对方的错误中学习经验。”她和家人没有因为分歧和差异而不和，反而更加团结了。

亚历山德拉成功后，她将大片的土地分给了兄弟姐妹，但她的兄弟们却说，分家后她创造的财产也应归他们所有。他们拿过去的事强词夺理，说：“你现在得到的一切都来自那片我们倾注了心血的土地……家产应该归家中的男人所有，不管地契怎么写。因为如果出事，负责的都是男人。”亚历山德拉批驳了这种落后的、过分强调负面风险的逻辑，并且坚持分家后她创造的财富理应归属自己。她相信是自己的能力让她利用这片土地创造了财富，并且勇敢地直面兄弟们的威胁。

她的哥哥们——显然作家凯瑟是很不喜欢他们的——不仅有资本家贪婪的本性，同时又很反对金融。卢告诉卡尔和亚历山德拉的恋人：“如果你们有种，就该团结起来，冲去炸掉华尔街。我是说，真正意义上的炸掉。”占领！卡尔回答：“那就是浪费火药。他们的生意还会再在其他街上开起来。”在一个进步的时代中写作的凯瑟，并没有将金融视为敌人。

当卡尔问她该如何解释她大获成功时，亚历山德拉并没有把这一切归功于自己。她回答道：“这件事跟我们的决定关系不大，卡尔，是土地做到的。它自己开了个小玩笑。它假装自己没有价值，因为没有人知道该如何使用它，之后突然，一切就自己好起来了。它从沉睡中苏醒，伸个懒腰，才显示出它是如此巨大而有潜力，所以我们什么都没干就得到了财富。”她明白，对于她的成功而言，运气和她的能力一样重要。

成功后的亚历山德拉什么样？当她的兄弟们招摇挥霍，挑选各种新型浴缸时，她却留下了她的家——那一带最富饶的农场。“奇怪的是，它并不怎么完整，也不舒适。”

那么亚历山德拉的努力究竟是为了什么？当她终于联系上了卡尔，她说：“我不需要钱。但这么多年来，我一直都很需要你。”她最大的成就并非她的财富或地位，她说她最大的幸福，就是让她最小的弟弟有了上大学、去法学院进修的机会，因为这是她一直以来工作的目的。

当邻居误杀了亚历山德拉最好的朋友和她心爱的弟弟埃米尔时，亚历山德拉心碎了，但她并没有选择复仇，反而同情凶手。“他在异国他乡，没有亲戚朋友，只一刻，他就毁掉了自己的一生。”亚历山德拉向他发誓：“我绝不会放弃努力，一定会让你得到宽恕。”虽然感情上她受了伤，但她还是原谅了邻居，并在他犯下这个巨大错误后，还想办法让他重新开始。

最终，亚历山德拉认真思忖了自己去世以后的土地和遗产分配问题：她在考虑要不要分给她的侄子侄女。“如果我真的把这些土地分给他们的孩子，真的能改变什么吗？土地属于未来，卡尔，我是这么认为的。五十年后，县书记官的地图上还能留下多少名字？这跟我把落日留给侄子侄女没有两样。人们来来去去，永恒的是土地。土地永远属于热爱、理解它的人们——哪怕他们的生命也很短暂。”她认为自己是个管理者，一个延续下去的管理链上的一环，她的责任是管理这些资源。

亚历山德拉·柏格森是我们的终极金融英雄。她是风险管控大师，她懂得如何通过经验和想象估计风险，她知道如何利用杠杆改变她和所爱之人的生活。她重视分散投资，她懂得期权价值，但在重大决定面前她又毫不迟疑。她知道该如何创造价值，她知道最终她只是资本的管理者。她对周围失败的人充满宽容，她知道她的成功不能完全归功于她的能力。她并不着迷于冒险，也没有无止境的欲望。她从未放弃对她的亲朋好友进行感情投资。她和柯帕乌、帕霍姆、派克和施克莱里完全相反。

如果你从东四十一街（也叫作图书馆路）走向纽约市立图书馆，就能从一个绝佳的视角欣赏这栋雄伟的建筑。如果你在人行道驻足片刻，会看到由雕塑家格雷格·勒菲弗雕刻的九十六块牌匾，上面是来自世界各地作家的名言。薇拉·凯瑟和她的《啊，拓荒者！》就在其中。

牌匾上面所引用的话，是亚历山德拉的弟弟卡尔在怀旧时说的话：“其实人们生活中的故事，一共就那么两三个，只是它们一直在不断重复，就好像从未发生过一样，就像这些百灵鸟，每天唱着那简单的五个音符，几千年来一如既往。”在勒菲弗的作品中，他将这句话重复了一遍一遍又一遍，加强着凯瑟当时的情绪。

对凯瑟来说，我们生活中的故事其实一共也不过那么几个。其中有些故事，如我们所见，讲的是空洞的积累和无止境的欲望。而有些故事讲的是心，是努力工作。如何选择就看我们的智慧了。我推荐亚历山德拉·柏格森的故事。

后　记

从各方面来讲，查尔斯·珀西·斯诺都是一个真正的文艺复兴人。他在完成了物理、化学专业的学习之后，去了剑桥大学，做了基督学院的化学研究员。他在上议院做过政务次官，还曾在政府中担任过多个职位。他为安东尼·特罗洛普写过自传，写过一本悬疑小说，还写过许多展现学术生活的小说；他曾获得布克文学奖提名。这一辈子的成就不算小了。

但斯诺最大的成就，还是1959年他根据自己的一次演讲整理而成的一篇小论文。在《两种文化》中，斯诺痛斥将知识分子分为两大对立阵营——文学家和科学家的做法，他的一生都致力于驳斥这种分化。科学界认为“传统文化的文学似乎与科学并无联系。当然了，他们完全错了。而其后果就是，他们在需要想象的理解上就要欠缺一些，他们束缚了自己”。而文学知识则故意忽略自然科学，在文学眼里，自然科学就是缺乏想象的无数规则，并没有一个真实的统一观点。对斯诺来说，科学家不熟悉莎士比亚，和文学家不懂热力学第二定律一样严重。

对斯诺来说，“这种两极分化对我们来说绝对是损失。是我们所有人，是整个社会的损失”。为什么斯诺认为这损失如此巨大？斯诺相信：“思想和创造的中心，正因为我们的错误错失许多良机。在这两个主题、两个学科、两种文化——两个星系，这是世界上存在的最大的差距了——的冲突点上，本该产生创造性的良机的。精神活动的历史上，突破从来都是如此发生的。”斯诺甚至因为冷战带来的担心在这思考上更进了一步。因为和苏联的战争，“为了知性生活，为了这个国家面临的危险，为了在贫穷国家之间，西方社会不稳定的富足生活，也为了那些如果这个世界上有智慧就不用过贫穷生活的穷人”，两种文化的结合必须完成。

简而言之，“当这二者分而立之，社会就再也无法进行有智慧的思考了”。

今天的世界里，金融和人性之间的鸿沟显然还达不到导致文明的衰退和败落的地步。我还无法完全理解斯诺的愤怒和高瞻远瞩，但这种鸿沟导致大家错失的机遇还是很明显的。

我每次跨过美国剑桥的查理士河，都会再次想起这个鸿沟。河岸一边，是我在哈佛商学院授课的地方，那里有优秀的学生和教员在努力理解商业世界。有时候对一些无法很直接地指导实践的课程会有些不耐烦，于是，他们就开始怀疑河岸对面提倡的价值。

当我跨过查理士河，去哈佛法学院授课，我是在穿过一个对商业和商业学术界怀有深深质疑，又在实在的学问中浸淫过的校园。当我在哈佛商学院开设研究生课程，并想将它加入哈佛大学基础课程中时，其中描述商业现象的案例分析被认为不符合博雅教育的内容，就因为其中包含的实践思维。虽然更聪明的头脑占了上风，但我仍然深深感受到了这种鸿沟的存在。

这鸿沟的影响并非只局限于大学内。金融在不断震撼整体经济，而人们对它的价值怀着深深的质疑。确实，在知识界、竞选甚至商界，对金融价值的贬低越来越普遍。如果这种质疑并非出于对金融的本质为何物的无知，那上面这些影响也没什么。

同样，金融的理论与实践领域，也在不断专业化，更加不易懂，离人们的生活越来越远。因为受到了社会的质疑，金融专业人士已经无路可退，只能以“金融是天意”这种愚蠢的说法作为回应。确实，金融还有许多缺点，但当下这种鸿沟只会对改善金融做出不甚理想的回应。

斯诺的讲座过去四十年后，艾德华·欧司博恩·威尔森给出了答案。和他一样，威尔森的观点也是以知识的统一为出发点，其努力解答的目标，就是斯诺提出的问题。威尔森将他的观点追溯到了“爱奥尼亚式迷情”，也就是说，世界的所有学科分支都能被几条定律解释。威尔森的这个理念从何而来？率先提出这个概念的人就是米利都的泰勒斯，他是创造了期权证券和其衍生品的先驱者。也许一切都是互相联系的。

威尔森继续深入阐释，试图解答斯诺提出的问题：“只有一个办法统一所有学科、结束文化间的战争。那就是不要将科学和文学之间的界限当作领域边界，而要当作等待双方合作耕耘的待开发的广阔土壤。误解产生，是因为我们没有看到这片广阔的领域，不是因为它们在精神上差别迥异。”

这些努力是为了什么？对威尔森来说，这片领域里涵盖着“我们共同的思想的优雅、美丽与力量，还有哲学实用主义最好的一方面，我们行为中的智慧”。

我不敢说自己能统一任何理论，也不敢说自己拥有那么多智慧。但我愿意抛砖引玉，请大家一起通过探索这片金融与人性之间待开发的领域，使我们自己也得到智慧。如果看到了这里，那么你已经算是迈出了第一步。参考文献和资料都是推动你们进一步探索的助力。一路顺风。

致　谢

我很感谢为本书做出贡献的所有人。蒂姆·苏利文和我的经纪人杰伊·曼德尔，带领我走进了图书出版业，在整个过程中不断提供各种明智的建议。最重要的，杰伊介绍我认识了我的编辑瑞克·沃尔夫。在整个过程中，瑞克·沃尔夫给了我莫大的体贴、鼓励和善解人意的指导。瑞克兼具长者的智慧、脚踏实地的实践、切实可行的思想并给予详细的反馈。我很感谢霍顿·米夫林·哈考特出版社的整个团队，尤其是罗斯玛丽·麦吉尼斯和阿德里亚娜·克劳德，我绝对已经把他们的耐心耗尽过很多次了。亚历山德拉·科塞克、扎克·马尔科维奇和罗翰·雷迪在研究调查中、在手稿的创作中为我提供了莫大助力。佐伊·戴博斯在帮助我完成手稿方面远超过了职责的要求。

和阿曼达·欧文·威尔金斯聊不完的电话改变了这本书，也改变了我最初对阅读与写作的看法。约书亚·马戈利斯给了我探索这些概念的原动力，并且在整个过程中都支持着我，提供了许多意见。和约书亚·罗思曼在几次漫长的午餐中的对话，给了我灵感，为我打开了讲故事的大门。和阿曼达、两位约书亚的交流，在我将这次讲座转换为图书的过程中起到了关键性的作用。

许多同事也为这本书提供了慷慨帮助，但是我还是想特别提及一下以下诸位：林恩·佩因、辛西娅·蒙哥马利、谢乃何、简·瑞夫金、维姬·古德、阿尔·沃伦、詹姆斯·兹伊特勒、巴哈拉特·阿南德、大卫·阿格、大卫·加尔文、史蒂芬·格林布拉特、汤姆·尼古拉斯、克莱顿·罗斯、威利·施、劳伦·科恩、沃尔特·弗里德曼、劳拉·利纳尔、斯科特·卫斯法尔、路易斯·梅南、克莉丝汀·马格福德、巴哈拉特·阿南德、费利克斯·奥伯霍尔·吉、埃里克·斯塔福德。尼汀·诺瑞亚院长一直以来对本书给予了巨大支持，慷慨地投入时间，并对本书充满热情。哈佛大学商学院的研究部门在本书的写作上帮助巨大。

我在哈佛商学院的金融系的同事对我的思维方式影响很大，从研讨班到教学组的工作都令我受益匪浅，我十分感激。我有幸在一群优秀教师的引领下走进了金融领域，他们是迈克尔·埃德尔森、斯科特·梅森、德怀特·克兰、安德烈·佩罗尔德、皮特·图法诺、约翰·坎贝尔、奥利弗·哈特和安德鲁·施莱弗。我的学术导师——马蒂·费尔德斯坦、迈克尔·格雷茨、小詹姆斯·R.海恩斯和安德鲁·施莱弗——是我永远无法忘怀的正直和理想的学者典范。

我得到了和许多有思想的研究生、工商管理学硕士、法学博士、博士和执行教育专业的学生交流的机会。这本书就是他们给我的理念和教学上的启发的成果。第一批学到这个理论的学生鼓励我把它写成书，所以我很感激2015届哈佛工商管理学硕士班的学生（尤其是帕拉斯韦·帕特尔）和2018届综合管理项目高管教育专业的学生们。许多不同专业的学生都听了这次讲座的早期版本，我很感激他们提供的反馈意见。两位以前的学生——利卡·彭特和盖尔·策玛克·莱蒙——为了本书慷慨奉献了许多时间。和以下诸位的长谈让我受益匪浅：劳拉·阿梅利奥、丹·麦吉恩、卡伦·狄龙、雷切尔·谢尔曼、西德·夏耐、理查德·泰德洛、史蒂芬·图尔班、苏乔·贾斯瓦、保罗·库克、阿迪·伊格内修斯、维克拉姆·甘地、艾伦·琼斯、埃莉丝·切尼、詹姆士·杜贝拉、罗伯特·平斯基、格雷琴·鲁宾和布赖恩·米萨摩尔，马克·维布伦、拉赫姆·戴伊、卡西·王、大卫·雷丁、赫什·贾恩、乔纳森·斯威夫特、杰弗里.克里斯托夫、埃文·哈恩、克里斯琴·刘、艾德里安娜·普罗普和亨利·卡津斯等，这些在本书大小细节中都有体现。

鲁本·西尔弗斯、艾伦·卢伊和约书亚·玛戈在我成书过程中无数次动摇时，用他们伟大的友谊支持了我。我的母亲和已故的父亲，也一如既往地是我的智慧、好奇、努力和爱的典范。我的哥哥赫蒙和姐姐迪帕一直陪伴着我，他们的支持对我意义重大。我哥哥一家、姐姐一家和爱人一家，以及我的亲朋好友们在我成书的过程中给了我莫大的支持。维克拉姆·德赛、哈里士·德赛和海默·什罗夫给了我莫大的鼓励。

米娅·德赛、伊拉·德赛和帕尔瓦蒂·德赛（我的最终价值）给予了我难以想象的理解，他们的活力和爱是我前进的动力。蒂娜·谢蒂的支持和鼓励促使我最终完成了本书——还有更多。她给我的爱是我奢求不来的最大保障。

注 记

成书过程中，我有意识地在克制学术直觉。最重要的是，为了让文字更为易读，部分引用的归属和来源没有写得过于精确。

我希望能通过书后的文献列表对此进行弥补。针对每一章，我都将具体来源和具体内容、进一步阅读建议和直接引语的具体引用列了出来。每一章的来源都是以出现的顺序排列的。进一步阅读建议或者是将有兴趣的读者指向原文来源，或者是有助于理解这些理念的工具。希望这些建议也算是致敬那些我试图总结其理念的学者。

对想深入学习的读者，涉及这些金融概念的教科书是下一步很好的选择。我推荐：

Bodie, Zvi, Alex Kane, and Alan J. Marcus. *Investments*. Boston: McGraw-Hill Irwin, 2013;

Berk, Jonathan B., and Peter M. DeMarzo. *Corporate Finance*. Boston: Pearson Addison Wesley, 2013.

对想实践的读者，可以参考：

Higgins, Robert C. *Analysis for Financial Management*.11th ed. New York: McGraw-Hill Education, 2016;

Robert Shiller. *Finance and the Good Society*. Princeton, NJ: Princeton University Press, 2012.

我自己制作的金融普及类课程：HBX online course "Leading with Finance." MOV. Boston: President & Fellows of Harvard College, 2016.

注　释

自序

弗罗斯特的诗歌来自他的《泥泞时节的两个流浪汉》（"Two Tramps in Mud Time"）中的最后一段诗节。选自 *The Poetry of Robert Frost*. Edited by Edward Connery Lathem. New York: Henry Holt and Company, 1969.

引言　金融和美好生活

引言的观点引用了如下几本著作：de la Vega, Joseph. *Confusion de Confusiones.* Eastford, *CT: Martino Fine Boo*ks, 2013;

Newman, John Henry. *The Idea of a University*. Edited by Frank M. Turner. New Haven, CT: Yale University Press, 1996;

Nietzsche, Friedrich Wilhelm. "Guilt, Bad Conscience and Related Matters." In *On the Genealogy of Morals: A Polemical Tract.* Leipzig: Verlag Von C.G., 1887.

我简要提到了卢卡斯模型的观点，这个模型至少要追溯到如下著作：Lucas, Robert E., Jr. “Expectations and the Neutrality of Money.” *Journal of Economic Theory* 4, no. 2 (1972): 103 - 24.

P6 “任何知识的大体概念……”：Newman, “The Idea of a University.” https://sourcebooks.fordham.edu/mod/newman/newman-university.html.

P10 “我必须得说……”：de la Vega, *Confusion de Confusiones*, 2.

P11 “世界上最古老的人际关系……”：Nietzsche, “Guilt, Bad Conscience and Related Matters,” part 8 of the second essay.

第一章　命运之轮

本章最主要的文学著作来源：

Hammett, Dashiell. *The Maltese Falcon*. New York: Alfred A. Knopf, 1930;

Stevens, Wallace. *Ideas of Order*. New York: Alfred A. Knopf, 1936;

Stevens, Wallace. *The Necessary Angel: Essays on Reality and the Imagination.* New York: Knopf, 1951.

我还参考了“传声头像乐队”的唱片：“Once in a Lifetime.” The Talking Heads. Brian Eno, 1980. CD.

关于弗利特克拉夫特的故事，我参考了：

Marcus, Steven. “Dashiell Hammett and the Continental Op.” Partisan Review 41 (1974): 362 - 77;

Jones, R. Mac. "Spade's Pallor and the Flitcraft Parable in Dashiell Hammett's *The Maltese Falcon.*" *Explicator* 71, no. 4 (2013): 313 - 15;

Irwin, J. T. "Unless the Threat of Death Is Behind Them: Hammett's *The Maltese Falcon.*" *Literary Imagination* 2, no. 3 (2000): 341 - 74.

关于查尔斯·桑德斯·皮尔士的讨论，我参考了：

Peirce, Charles S. *Chance, Love, and Logic; Philosophical Essays.* New York: Barnes & Noble, 1968;

Peirce, Charles S. *Pragmatism as a Principle and Method of Right Thinking: The 1903 Harvard Lectures on Pragmatism.* Albany: State University of New York Press, 1996;

Peirce, Charles S. "Reply to the Necessitarians: Rejoinder to Dr Carus." *Monist* 3 - 4 (July 1893): 526 - 70;

Peirce, Charles S. "Grounds of Validity of the Laws of Logic." *Journal of Speculative Philosophy* 2, no. 4 (1869): 193 - 208.

三大传记是：

Brent, Joseph. *Charles Sanders Peirce: A Life*. Bloomington: Indiana University Press, 1993;

Menand, Louis. *The Metaphysical Club: A Story of Ideas in America*. New York: Farrar, Straus and Giroux, 2002;

Menand, Louis. "An American Prodigy." *New York Review of Books*, December 2, 1993.

其他还有：

Russell, Bertrand. *Wisdom of the West.* Garden City, NY: Doubleday, 1959;

Popper, Karl R. *Objective Knowledge: An Evolutionary Approach*. Oxford: Clarendon Press, 1972;

Percy, Walker. "The Fateful Rift: The San Andreas Fault in the Modern Mind." *Design for Arts in Education* 91, no. 3 (1990): 2 - 53;

Wible, James R. "The Economic Mind of Charles Sanders Peirce." *Contemporary Pragmatism* 5, no. 2 (December 2008): 39 - 67.

关于统计思想的思想文化史，我主要借鉴的是：

Hacking, Ian. *The Taming of Chance.* Cambridge: Cambridge University Press, 1990;

Porter, Theodore M. *The Rise of Statistical Thinking: 1820 - 1900*. Princeton, NJ: Princeton University Press, 1986;

Stigler, Stephen M. *The History of Statistics.* Cambridge, MA: Harvard University Press, 1990;

Mellor, D. H., ed. *Science, Belief, and Behaviour: Essays in Honour of R. B. Braithwaite.* Cambridge: Cambridge University Press, 1980;

Simon, Pierre, Marquis de Laplace. *A Philosophical Essay on Probabilities.* New York: Dover Publications, 2005;

Galton, Francis. *Natural Inheritance*. London: Macmillan, 1889.

关于这段思想史，还有更简洁的表述：

Devlin, Keith J. *The Unfinished Game: Pascal, Fermat, and the*

Seventeenth-Century Letter That Made the World Modern.New York: Basic Books, 2008;

Kaplan, Michael, and Ellen Kaplan. *Chances Are —: Adventures in Probability*. New York: Viking, 2006;

Stigler, Stephen M. *The Seven Pillars of Statistical Wisdom*. Cambridge, MA: Harvard University Press, 2016.

接下来的这个网址能找到对蒙提霍尔问题的完美讨论：

https://www.khanacademy.org/math/precalculus/prob–comb/dependent–events–precalc/v/monty–hall–problem.

关于巴菲特，可以参考：

Frazzini, Andrea, David Kabiller, and Lasse H. Pedersen. Buffett's Alpha. NBER Working Paper no. 19681, December 16, 2013；

National Bureau of Economic Research. http://www.nber.org/papers/w19681.pdf;

Ng, Serena, and Erik Holm. "Buffett's Berkshire Hathaway Buoyed by Insurance 'Float.'" *Wall Street Journal*, February 24, 2011.

保险是经济与金融的中心，也是解决很多基础问题的绝佳工具。我最喜欢的著作是：

Eeckhoudt, Louis, Christian Gollier, and Harris Schlesinger. *Economic and Financial Decisions Under Risk*.Princeton, NJ: Princeton University Press, 2006.

对于统计史和保险史，可以参考：

Bernstein, Peter L. *Againstthe Gods: The Remarkable Story of Risk*. New York: John Wiley & Sons, 1996.

关于逆向选择和道德风险的最好著作，包括：

Arrow, Kenneth J. "Uncertainty and the Welfare Economics of Medical Care." *American Economic Review* 53, no. 5 (June 1963): 941 - 73;

Pauly, Mark V. "The Economics of Moral Hazard: Comment." *American Economic Review*, part 1, 58, no. 3 (June 1968): 531 - 37;

Arrow, Kenneth J. "The Economics of Moral Hazard: Further Comment." *American Economic Review*, part 1, 58, no. 3 (June 1968): 537 - 39;

Akerlof, George A. "The Market for Lemons: Quality Uncertainty and the Market Mechanism." *Quarterly Journal of Economics* 84, no. 3 (August 1970): 488 - 500;

Holmstrom, Bengt. "Moral Hazard and Observability." *Bell Journal of Economics* 10, no. 1 (Spring 1979): 74 - 91;

Grossman, Sanford J., and Oliver D. Hart. "An Analysis of the Principal-Agent Problem." *Econometrica* 51, no. 1 (January 1983): 7 - 46.

Laffont, Jean Jacques, and David Martimort. *The Theory of Incentives*, Princeton, NJ: Princeton University Press, 2002.

关于保险史，我大多参考了：

Trenerry, Charles Farley. *The Origin and Early History of Insurance, Including the Contract of Bottomry*. Edited by Ethel Louise Gover and Agnes Stoddart Paul. London: P. S. King & Son, 1926;

Hudson, N. Geoffrey, and Michael D. Harvey. *The York-Antwerp Rules: The Principles and Practice of General Average Adjustment.* 3rd ed. New York: Informal Law from Routledge, 2010;

Clark, Geoffrey Wilson. *Betting on Lives: Life Insurance in English Society and Culture, 1695 - 1775*.New York: Manchester University Press, 1993.

关于保险和巫术的关系，参考了：

Macfarlane, Alan. *Witchcraft in Tudor and Stuart England: A Regional and Comparative Study*.New York: Harper & Row, 1970;

Davies, Owen. *Witchcraft, Magic and Culture: 1736 - 1951*. Manchester: Manchester University Press, 1999;

Knights, D., and T. Vurdubakis. "Calculations of Risk: Towards an Understanding of Insurance as a Moral and Political Technology." *Accounting, Organizations and Society* 18, no. 7 - 8 (1993): 729 - 64;

Thomas, Keith. *Religion and the Decline of Magic*.New York: Scribner, 1971.

关于共济会基金的讨论，主要参考了：

Emery, George Neil, and John Charles Herbert Emery. A *Young Man's Benefit: The Independent Order of Odd Fellows and Sickness Insurance in the United States and Canada, 1860 - 1929*. Montreal: McGill–Queen's University Press, 1999.

英国年金系统逆向选择性质的证据，来自：

Finkelstein, Amy, and James Poterba. "Adverse Selection in Insurance Markets: Policyholder Evidence from the U.K. Annuity Market." *Journal of Political Economy* 112, no. 1 (2004): 183 - 208.

证明养老金对家庭构造的影响的证据，可以参考：

Costa, Dora L. "Displacing the Family: Union Army Pensions and Elderly Living Arrangements." Journal of Political Economy 105, no. 6 (1997): 1269 - 92.

更多关于家庭构造的深入研究，可以参考：

Furlong, Fred. "Household Formation Among Young Adults." *FRBSF Economic Letter*, May 23, 2016.

所引用的弗罗斯特的名言，来自：

Frost, Robert. "The Death of a Hired Man." In *North of Boston*, pp. 14 - 18. New York: Henry Holt & Company, 1915.

关于英法两国的公共金融基金的对比讨论，参考了：

Weir, David R. "Tontines, Public Finance, and Revolution in

France and England, 1688 - 1789." *Journal of Economic History* 49, no. 1 (1989): 95 - 124;

Kaiser, Thomas, and Dale Van Kley, eds. *From Deficit to Deluge: The Origins of the French Revolution*. Palo Alto, CA: Stanford University Press, 2010;

Hardman, John. *The Life of Louis XVI*. New Haven, CT: Yale University Press, 2016.

唐提式保险革命，可以参考：

McKeever, Kent. "A Short History of Tontines." *Fordham Journal of Corporate & Financial Law* 15, no. 2 (2009): 490 - 522;

Milevsky, Moshe. *King William's Tontine: Why the Retirement Annuity of the Future Should Resemble Its Past*. New York: Cambridge University Press, 2015;

Ransom, Roger L., and Richard Sutch. "Tontine Insurance and the Armstrong Investigation: A Case of Stifled Innovation, 1868 - 1905." *Journal of Economic History* 47, no. 2 (1987): 379 - 90;

Velde, Francois R. *The Case of the Undying Debt*. Federal Reserve Bank of Chicago. November 24, 2009;

Collier, Jonathan, writer. "Raging Abe Simpson and His Grumbling Grandson in 'The Curse of the Flying Hellfish.'" Directed by Jeffrey Lynch. *The Simpsons*. Fox Network, 1996.

关于史蒂文斯的讨论，参考了：

Stevens, Wallace. *Ideas of Order*. New York: Alfred A. Knopf, 1936;

Stevens, Wallace. *The Necessary Angel: Essays on Reality and the Imagination*. New York: Knopf, 1951;

Bloom, Harold. *Wallace Stevens: The Poems of Our Climate*. Ithaca, NY: Cornell University Press, 1977;

Schjeldahl, Peter. "Insurance Man: The Life and Art of Wallace Stevens." *New Yorker*, May 2, 2016;

Mariani, Paul L. *The Whole Harmonium: The Life of Wallace Stevens*. 1st ed. New York: Simon & Schuster, 2016;

Vendler, Helen. "The Hunting of Wallace Stevens." *New York Review of Books*, November 20, 1986;

Dechand, Thomas. "'Like a New Knowledge of Reality' : On Stevens and Peirce." *MLN* 121, no. 5 (2006): 1107 – 23;

Nichols, Lewis. "Talk with Mr. Stevens." *New York Times*, October 3,1954.

P002 "全书最重要的一刻……"：Marcus, "Dashiell Hammett and the Continental Op," 367.

"美国成功人士能拥有的一切" 引用自："them not falling" all from Hammett, "G in the Air," in *The Maltese Falcon*, chapter 7.

P004 "我怎么走到了这一步"：Byrne, Eno, Frantz, Harrison, and Weymouth of the Talking Heads, "Once in a Lifetime."

P006 "美国最伟大的思想家"：Russell, *Wisdom of the West*, 227.

"史上最伟大的哲学家"：Popper, *Objective Knowledge*, 207.

"为人类科学的统一打下了坚实基础"：Percy, "The Fateful Rift," 18.

“每个人都是一家保险公司”：Peirce, “Grounds of Validity of the Laws of Logic,” 207.

P007 “成了毫无逻辑的怪物”：James, quoted in Peirce, *Pragmatism as a Principle and Method of Right Thinking*, 11.

“不入流的，甚至可以说……”：同上。

P013 “所有事件，甚至那些……一样不容置疑”：Simon, *A Philosophical Essay on Probabilities*, 3.

“伟大的宇宙秩序”：Galton, *Natural Inheritance*, 66.

“它统治万物……”：同上。

P014 “每一条‘理’中都存在着偶然……”：Peirce, “Reply to the Necessitarians,” 560.

P016 “罗德海法规定……”：Hudson and Harvey, *The York-Antwerp Rules*, 16.

P018 “对女巫的惩罚……”：Macfarlane, *Witchcraft in Tudor and Stuart England*, 109.

“不仅降低了……”：Davies, *Witchcraft, Magic and Culture*, 294.

P025” 每一条‘理’中都存在着偶然……”：Peirce, “Reply to the Necessitarians,” 560.

“一切人事都取决于概率，这是一条普适的真理”：Peirce, *Chance, Love, and Logic*, 72 - 73.

P026 “是死亡，限定了……”：同上。

P027 “有名的三重奏……”：同上，75。

P027 “20 世纪美国最伟大的诗人”：Schjeldahl, “Insurance Man. http://www.newyorker.com/magazine/2016/05/02/the-thrilling-mind-of-wallace-stevens.

“大多数现代哲学家都太过学术……”：Stevens, quoted in Dechand, “ ‘Like a New Knowledge of Reality,’ ” 1107.

P028 “精算师堆里的古怪的金融人士”：Berryman, “So Long? Stevens,” quoted in Vendler, “The Hunting of Wallace Stevens.” http://audiopoetrywordpress.com/2007/08/24/so-long-stevens.

“致力于展现人对于……”：Stevens, preface to *Ideas of Order*, iv.

“能对抗外界的，以及……”：Mariani, *The Whole Harmonium*, 188.

P029 “想象是人类最虚伪的……”：Stevens, *The Necessary Angel*, 139.

“通往现实的唯一线索”：同上，137。

“想象是思想……”：同上，136。

“让人能够在……”：同上，153。

“诗人，或者小说家的工作……”：Stevens, quoted in Dechand, “ ‘Like a New Knowledge of Reality,’ ” 1117.

“诗歌与索赔……”：Stevens, quoted in Nichols, “Talk with Mr. Stevens.” http://www.nytimes.com/books/97/12/21/home/stevens–talk.html.

第二章 风险交易

本章中参考的文学作品主要是：

Austen, Jane. *Pride and Prejudice*. 1st ed. London: T. Egerton, Whitehall, 1813;

Trollope, Anthony. *Phineas Finn*. Leipzig: Tauchnitz, 1869;

Melville, Herman. “Bartleby, the Scrivener: A Story of Wall Street.” *Putnam’s Magazine* 2, no. 11 (November 1853): 546 - 57;

Bellow, Saul. *Seize the Day*. New York: Viking Press, 1956.

如果需要更多探讨英国政府证券的相关文献，可以参考文章：

“Percents and Sensibility; Personal Finance in Jane Austen’s Time.” Economist, December 24, 2005.

关于路易·巴舍利耶的贡献，可以参考：

Bachelier, Louis. *Louis Bachelier’s Theory of Speculation: The Origins of Modern Finance*. Translated and with an introduction by Mark Davis and Alison Etheridge. Princeton, NJ: Princeton University Press, 2006;

Bernstein, Jeremy. “Bachelier.” *American Journal of Physics* 73, no. 5 (2005): 395;

Pearle, Philip, Brian Collett, Kenneth Bart, David Bilderback, Dara Newman, and Scott Samuels. “What Brown Saw and You Can Too.” *American Journal of Physics* 78, no. 12 (2010): 1278;

Holt, Jim. “Motion Sickness: A Random Walk from Paris to Wall Street.” *Lingua Franca*, December 1997.

关于期权的部分参考了：

Aristotle, *Politics*. Vol. 1. Translated by H. Rackham. Cambridge, MA: Harvard University Press, 1944;

de la Vega, Joseph. *Confusion de Confusiones*. Edgeton, CT: Martino Fine Books, 2013;

Frock, Roger. *Changing How the World Does Business: FedEx's Incredible Journey to Success: The Inside Story*. San Francisco, CA: Berrett-Koehler, 2006;

Emerson, Ralph Waldo. "The Transcendentalist." In *Nature: Addresses and Lectures*. http://www.emersoncentral.com/transcendentalist.htm.

关于《书记员巴特尔比》的讨论参考了：

Agamben, Giorgio. *Potentialities*.Palo Alto, CA: Stanford University Press, 1999.

关于分散投资的讨论，参考文献如下：

Price, Richard, writer. "Moral Midgetry." *The Wire*. Directed by Agnieszka Holland. HBO. November 14, 2004;

McCloskey, Donald N. "English Open Fields as Behavior Towards Risk." *Research in Economic History* 1 (Fall 1976): 124－70;

Cohen, Ben. "The Stephen Curry Approach to Youth Sports." *Wall Street Journal*, May 17, 2016;

Moggridge, Donald. *Maynard Keynes: An Economist's Biography*. London: Routledge, 1992.

亚里士多德关于友谊的部分选自：Aristotle. *Nicomachean Ethics*. Translated by W. D. Ross. http://classics.mit.edu/Aristotle/nicomachaen.8.viii.html.

关于资本资产估值模型的思想史的详尽解释，可以参考：

Bernstein, Peter L. *Capital Ideas: The Improbable Origins of Modern Wall Street*. 1st ed. New York: Free Press, 1992;

Perold, André F. "The Capital Asset Pricing Model." *Journal of Economic Perspectives* 18, no. 3 (2004): 3 - 24;

Sharpe, William F. "Capital Asset Prices with and Without Negative Holdings." Nobel Lecture, Stanford University Graduate School of Business, Stanford, CA, December 7, 1990;

Black, Fischer. "Beta and Return." *Journal of Portfolio Management* 20, no. 1 (1993): 8 - 18.

关于分散投资的文献选自：

Markowitz, Harry. "Portfolio Selection." *Journal of Finance* 7, no. 1 (March 1952): 77 - 91;

Roy, Andrew D. "Safety First and the Holding of Assets." *Econometrica* 20, no. 3 (July 1952): 431 - 39.

除此，我还参考了一些其他论文，包括：

Tobin, James. "Liquidity Preference as Behavior Towards Risk." *Review of Economic Studies* 25, no. 2 (February 1958): 68 - 85;

Lintner, John. "The Valuation of Risk Assets and the Selection of Risky Investments in Stock Portfolios and Capital Budgets: A Reply." *Review of Economics and Statistics* 47 (1965): 13 - 37;

Sharpe, William F. "Capital Asset Prices: A Theory of Market Equilibrium Under Conditions of Risk." *Journal of Finance* 19, no. 3

(September 1964): 425 - 42;

Treynor, J. L. "Toward a Theory of Market Value of Risky Assets." MS, 1962. Final version in *Asset Pricing and Portfolio Performance*, 15 - 22. Edited by Robert A. Korajczyk. London: Risk Books, 1999;

Roll, Richard. "A Critique of the Asset Pricing Theory' s Tests Part I: On Past and Potential Testability of the Theory." *Journal of Financial Economics* 4, no. 2 (1977): 129 - 76;

Merton, Robert C. "An Intertemporal Capital Asset Pricing Model." *Econometrica* 41 (September 1973): 867 - 87

关于期权，有两大权威教科书：

McDonald, Robert L. *Derivatives Markets*. Boston: Addison-Wesley, 2006;

Hull, John, Sirimon Treepongkaruna, David Colwell, Richard Heaney, and David Pitt. *Fundamentals of Futures and Options Markets*. New York: Pearson, 2013.

关于期权的重要论文包括：

Black, Fischer, and Myron Scholes. "The Pricing of Options and Corporate Liabilities." *Journal of Political Economy* 81, no. 3 (May/June 1973): 637 - 54;

Merton, Robert C. "Theory of Rational Option Pricing." *Bell Journal of Economics and Management Science 4*, no. 1 (Spring 1973): 141 - 83.

关于这些主题有一本很好的参考书：

Merton, Robert C. *Continuous-Time Finance*.Cambridge: B. Blackwell, 1990.

P032 “身家丰厚的单身男人……”：Austen, *Pride and Prejudice*, chapter 1.

P033 “你需要三思而后行……”：同上，chapter 19。

“如果你要这样……”：同上，chapter 20。

“一步走错……”：同上，chapte 46。

P034 “婚姻幸福……”：同上，chapter 6。

“我不浪漫……”：同上，chapter 22。

P037 “正确的顺序是这样的……”：Holt, “Motion Sickness.” http://linguafranca.mirror.theinfo.org/9712/9712hyp.html.

P038 “男孩，或者说男人……”：Trollope, *Phineas Finn*, 154 - 55.

“我不认为我能像……”：同上。

P039 “我会嫁给经过仔细……”：同上。

P040 “追求无用的哲学而被嘲笑”：Aristotle, *Politics*, vol. 1, book I, part 11. http://www.perseus.tufts.edu/hopper/text?doc=Perseus%3Atext%3A1999.01.0058%3Abook%3D1%3Asection%3D1259a.

“他凑了一小笔钱……”：同上。

“哲学家如果……”：同上。

P041 “鉴于他这么大年纪……”：de la Vega, *Confusion de Confusiones*, 16 - 22.

“你只需要承担……”：同上。

"既是在有利的状况下……"：同上。

P043 "有什么区别……"：Frock, *Changing How the World Does Business*, 135.

P045 "还是不要了吧"：Melville, "Bartleby, the Scrivener," 550.

P047 "犹豫很久后……"：Bellow, *Seize the Day*, part IV.

"身不由己"：同上，part I.

"让我摆脱……"：同上。

P048 "悲痛如鲠在喉……"：同上，part VII。

"爱我的人可能有十个"：Trollope, *Phineas Finn*, 130.

P051 "正确的投资……"：Keynes, quoted in Moggridge, *Maynard Keynes*, 585.

P056 "是因为某人可用而爱他"：Aristotle, *Nicomachean Ethics*, book VIII. http://classics.mit.edu/Aristotle/nicomachaen.8.viii.html.

"人们最想要的……"：同上。

第三章　论价值

关于"天资的寓言"，详见：

Blomberg, Craig. *Interpreting the Parables*. Downers Grove, IL: InterVarsity Press, 2012;

Chenoweth, Ben. "Identifying the Talents: Contextual Clues for the Meaning of the Parable of the Talents." *Tyndale Bulletin* 58, no. 1 (2005): 61 - 72;

Carpenter, John. "The Parable of the Talents in Missionary Perspective: A Call for an Economic Spirituality." *Missiology* 25,no. 2 (1997): 165 - 81.

我还引用了“天资的寓言”英文标准版本：

Matthew 25:14 – 30. https://www.biblegateway.com/passage/?search=Matthew+ z25%3A14–30&version=ESV.

关于《葡萄园工人的故事》选自：

Matthew 20:1 – 16. https://www.biblegateway.com/passage/?search=Matthew+20%3A1–16.

本章的另外引用来源包括：

Johnson, Samuel. “On the Death of Dr. Robert Levet.” In *The Oxford Book of English Verse*. Oxford: Clarendon, 1901;

Milton, John. “When I Consider How My Light Is Spent.” In *Poems* (1673). London: Thomas Dring, 1673;

Wesley, John. “The Use of Money.” In *John Wesley*. Edited by Albert Outler. Oxford: Oxford University Press, 1980;

Furnivall, F. J., ed. *The Tale of Beryn*. London: Forgotten Books, 2015.

关于弥尔顿和约翰逊的对比，我参考了：

Fussell, Paul. *Samuel Johnson and the Life of Writing*. New York: Harcourt, Brace, Jovanovich, 1971;

Hackenbracht, Ryan. “Milton and the Parable of the Talents: Nationalism and the Prelacy Controversy in Revolutionary England.” *Philological Quarterly* 94, no. 1 (Winter 2015): 71 – 93;

Hunter, William B., ed. *A Milton Encyclopedia*. Vol. 8. Lewisburg, PA: Bucknell University Press, 1978.

我在网上看到了一节详细讲述了弥尔顿的网课：

Rogers, John. "Credible Employment." Lecture, English 220 Class: Milton. Yale University, New Haven, CT. http://oyc.yale.edu/english/engl-220/lecture-3.

关于这位诗人的论文，都收录在了这本书中：

Pinsky, Robert. "Symmetrical Lines and Social Comforts." *Slate*, February 18, 2015. http://www.slate.com/articles/arts/classic_poems/2015/02/robert_pinsky_discusses_samuel_johnson_s_classic_poem_on_the_death_of_dr.html.

关于估值原理的讨论我参考了许多书目，但我认为其中三个尤其重要：

Fisher, Irving. *The Theory of Interest: As Determined by Impatience to Spend Income and Opportunity to Invest It*. New York: Macmillan, 1930;

Dean, Joel. *Capital Budgeting: Top–Management Policy on Plant,Equipment, and Product Development*. New York: Columbia University Press, 1951;

Williams, John Burr. *The Theory of Investment Value*. Cambridge, MA: Harvard University Press, Fraser Publishing Reprint (1977).

关于估值原理的深入讨论，可以参考：

McKinsey & Company, Tim Koller, Marc Goedhart, and David Wessels. *Valuation: Measuring and Managing the Value of*

Companies. Hoboken, NJ: John Wiley & Sons, 1990.

关于从业者们的真实生活，可以参考：

Graham, John, and Campbell Harvey. "How Do CFOs Make Capital Budgeting and Capital Structure Decisions?" *Journal of Applied Corporate Finance* 15, no. 1 (2002): 8 - 23.

关于价值创造原理，有一部书的涵盖十分全面：

Thorndike, William N. *The Outsiders*. Boston: Harvard Business Press, 2013.

关于教育价值，可以参考：

Black, Sandra, and Jason Furman. "The Economic Record of the Obama Administration: Investing in Higher Education." Council of Economic Advisers, White House, 2016. https://www.whitehouse.gov/sites/default/files/page/files/20160929_record_higher_education_cea.pdf.

关于世界各地关于租售比及其发展史，我参考了：

http://www.economist.com/blogs/graphicdetail/2016/08/daily-chart-20.

关于有效市场，我参考了多部文献。关于其发展史我参考了：

Bernstein, Peter L. *Capital Ideas: The Improbable Origins of Modern Wall Street*. 1st ed. New York: Free Press, 1992.

这一系列研究最早的成果，在这篇论文中进行了详尽的讨论：

Fama, Eugene. “Efficient Capital Markets: A Review of Theory and Empirical Work.” *Journal of Finance* 25, no. 2 (May 1970): 383－417.

值得一提的是，法玛（Eugene Fama）在文献引用上尤其慷慨，之前的相关文献还有保罗・萨缪尔森（Paul Samuelson）、比尔・夏普（Bill Sharpe）、本华・曼德博（Benoit Mandelbrot）、保罗・库特纳（Paul Cootner）、杰克・特雷诺（Jack Treynor）等等。以下讲座对有效市场提出了很好的观点：

Fama, Eugene. “A Brief History of the Efficient Market Hypothesis.” Lecture, Masters of Finance. February 12, 2014. https://www.youtube.com/watch?v=NUkkRdEknjI.

关于这个主题还有以下相关作品：

Grossman, Sanford J., and Joseph E. Stiglitz. “On the Impossibility of Informationally Efficient Markets.” *American Economic Review* 70, no. 3 (June 1980): 393－408.

有效市场一直都是一个极富争议的主题，尤其关于个中不同的高利润贸易策略和其隔离了技术高超的管理者等特性。关于这些方面，以下著作提出了很有意思的观点：

Ang, Andrew, William N. Goetzmann, and Stephen M. Schaefer. *Review of the Efficient Market Theory and Evidence*. Columbia University, April 27, 2011. https://www0.gsb.columbia.edu/faculty/aang/papers/EMH.pdf；

Berk, Jonathan B. "Five Myths of Active Portfolio Management." *Journal of Portfolio Management* 31, no. 3 (2005): 27 - 31;

Harvey, Campbell, Yan Liu, and Heqing Zhu. ". . . and the CrossSection of Expected Returns." *Review of Financial Studies* 29, no. 1 (January 2016): 5 - 68;

Jones, Robert C., and Russ Wermers. "Active Management in Mostly Efficient Markets." *Financial Analysts Journal* 67, no. 6(November/December 2011): 29 - 45;

Jurek, Jakub W., and Erik Stafford. "The Cost of Capital for Alternative Investments." *Journal of Finance* 70, no. 5 (October 2015): 2185 - 226.

关于金融对日益增长的收入差异的影响的研究，可以参考：

Philippon, Thomas, and Ariell Reshef. "Wages and Human Capital in the U.S. Finance Industry, 1909 - 2006." *Quarterly Journal of Economics* 127, no. 4 (November 2012): 1551 - 611.

关于可替代资产业的兴起和其对华尔街的影响，可以参考：

Desai, Mihir A. "The Incentive Bubble." *Harvard Business Review* 90, no. 3 (March 2012): 123 - 29.

关于资产估价，有两篇虽然严苛但也十分有见地的论文：

Campbell, John Y. "Empirical Asset Pricing: Eugene Fama, Lars Peter Hansen, and Robert Shiller." *Scandinavian Journal of Economics* 116, no. 3 (2014): 593 - 634;

Cochrane, John H. *Asset Pricing*. Princeton, NJ: Princeton University Press, 2001.

关于这个主题还有一个很好的观点可以参考：

Cochrane, John H., and Christopher L. Culp. "Equilibrium Asset Pricing and Discount Factors: Overview and Implications for Derivatives Valuation and Risk Management." In *Modern Risk Management: A History*, 57 - 92. London: Risk Books, 2003.

还有一篇关于有效市场的研究：

Cochrane, John H. *Efficient Markets Today*. https://faculty.chicagobooth.edu/john.cochrane/research/papers/Cochrane_efficient_markets.doc.

P066 "得到天资，首先……"：Wesley, "The Use of Money."

P072 "忽略大地赐予的……"：Johnson, quoted in Fussell, *Samuel Johnson and the Life of Writing*, 100.

第四章 成为你自己的制片人

关于梅尔·布鲁克斯的《金牌制片人》，我参考了：

Brooks, Mel, and Thomas Meehan. *The Producers*. Directed by Mel Brooks. By Mel Brooks. Performed by Zero Mostel, Gene Wilder, and Estelle Winwood. United States: Embassy Pictures, 1968. Film;

Kashner, Sam. "The Making of *The Producers*." *Vanity Fair*, January 2004, 108 - 40;

Tynan, Kenneth. "Frolics and Detours of a Short Hebrew

Man." *New Yorker*, October 30, 1978, 46 - 131.

关于企业管理的绝佳参考是：

Shleifer, Andrei, and Robert Vishny. "A Survey of Corporate Governance." *Journal of Finance* 52, no. 2 (June 1997): 737 - 83.

关于委托代理问题参考了：

Fama, Eugene F. "Agency Problems and the Theory of the Firm." *Journal of Political Economy* 88, no. 2 (1980): 288 - 307;

Jensen, Michael C., and William H. Meckling. "Theory of the Firm:Managerial Behavior, Agency Costs, and Ownership Structure." *Economic Analysis of the Law* 3, no. 4 (1976): 162 - 76;

Jensen, Michael C. "Agency Costs of Free Cash Flow, Corporate Finance, and Takeovers." *American Economic Review* 76, no. 2 (1986): 323 - 27;

Jensen, Michael C. "Value Maximization, Stakeholder Theory, and the Corporate Objective Function." *Journal of Applied Corporate Finance* 14, no. 3 (Fall 2001): 8 - 21.

关于我提出的对最近资本市场和企业管理的发展态势的讨论，参考了：

Desai, Mihir A. "The Incentive Bubble." *Harvard Business Review* 90, no. 3 (March 2012): 123 - 29.

在第一章中提到的其他关于道德风险的文献，对企业管理也具有相当高的参考价值。

关于这些问题有一本绝佳参考书：

Tirole, Jean. *The Theory of Corporate Finance*. Princeton, NJ: Princeton University Press, 2006.

关于国际性观点，可以参考：

La Porta, Rafael, Florencio Lopez-De-Silanes, and Andrei Shleifer. "Corporate Ownership Around the World." *Journal of Finance* 54, no. 2 (April 1999): 471 – 517.

风险投资证券的介绍，则参考了：

Gompers, Paul A., and Joshua Lerner. *The Venture Capital Cycle*. Cambridge, MA: MIT Press, 1999.

关于同笑乐糖果公司的资料，我参考了：

Kesling, Ben. "Tootsie Roll CEO Melvin Gordon Dies at 95: Shares Rise as Investors Eye Candy Company as Potential Takeover Target." *Wall Street Journal*, January 21, 2015;

Kesling, Ben. "Tootsie' s Secret Empire: A CEO in His 90s Helms an Attractive Takeover Target. So What' s Next? No One Really Knows." *Wall Street Journal*, August 22, 2012;

Best, Dean. "Tootsie Roll CEO Melvin Gordon Dies at 95." Just-Food Global News (Bromsgrove), January 22, 2015.

关于苹果公司的讨论，可以参考：

Desai, Mihir A., and Elizabeth A. Meyer. "Financial Policy at Apple, 2013 (A)." Harvard Business School Case 214-085, June 2014.

关于股价和首席执行官去世的相关性，可以参考：

Johnson, Bruce W., Robert Magee, Nandu Nagarajan, and Harry Newman. "An Analysis of the Stock Price Reaction to Sudden Executive Deaths: Implications for the Management Labor Market." *Journal of Accounting and Economics* 7 (1985): 151 - 74;

Quigley, Timothy J., Craig Crossland, and Robert J. Campbell. "Shareholder Perceptions of the Changing Impact of CEOs: Market Reactions to Unexpected CEO Deaths, 1950 - 2009." *Strategic Management Journal*, March 2016.

在探讨委托代理问题和我们生活的相关性时，我参考了：

Luna, Elle. *The Crossroads of Should and Must: Find and Follow Your Passion*. New York: Workman Publishing, 2015;

Miller, Alice. *The Drama of the Gifted Child*. New York: Basic Books, 1996; Joyce, James. Ulysses. Paris: Sylvia Beach, 1922;

Grosz, Stephen. *The Examined Life: How We Lose and Find Ourselves*. New York: W. W. Norton & Company, 2013;

Forster, E. M. *A Room with a View*. Edited by Malcolm Bradbury. New York: Penguin Books, 2000.

P084 "投资者能获得收益……"：Shleifer and Vishny, "A Survey of Corporate Governance," 738.

P100 "亲爱的，我很担心你……"：Forster, *A Room with a View*, 165.

P101 "'应该'是别人认为……"：Luna, *The Crossroads of Should and Must*, 51.

"'必须'才是我们真正的……"：同上，31。

P102"我不知道对詹姆斯……"：Tynan, "Frolics and Detours of a Short Hebrew Man," 108.

"在任何故事中……"：同上，108–9。

P103"名字代表什么……"：Joyce, *Ulysses*, 201.

"史上最伟大的人"：Brooks and Meehan, *The Producers*.https://sfy.ru/?script=producers.

P104"马克斯和里奥……"：Brooks, quoted in Kashner, "The Making of The Producers," 113.

"要我和她……"：Tynan, "Frolics and Detours of a Short Hebrew Man," 65.

"知道吗，两岁前……"：Brooks, quoted in Kashner, "The Making of *The Producers*," 113.

P105"艰难的生活里……"：同上

"极具魅力"：同上。

P106"凯伦・布里克森……"：Grosz, *The Examined Life*, 10.

P108"有天晚上……"：Tynan, "Frolics and Detours of a Short Hebrew Man," 131.

第五章　没有金融就没有爱情

参考了一部电影和四首歌曲：

Working Girl.Directed by Mike Nichols. By Kevin Wade. Performed by Melanie Griffith, Harrison Ford, and Sigourney Weaver. United States: Twentieth Century Fox Film Corporation, 1988. Film;

Grimes, Tiny, Charlie Parker, Clyde Hart, Jimmy Butts, and

Harold Doc West, writers. *Romance Without Finance*. Savoy, 1976. CD;

Clayton, Sam, Bill Payne, and Martin Kibbee.*Romance Without Finance*. Little Feat. Zoo/Volcano Records, 1995. CD;

Charles, Ray, writer. *I Got a Woman*. Comet Records, 2004. CD;

West, Kanye. *Gold Digger*. By Kanye West, Ray Charles, and Renald Richard. Kanye West, Jon Brion, 2005. MP3.

关于嫁妆基金的讨论参考了：

Molho, Anthony. *Marriage Alliance in Late Medieval Florence*. Cambridge, MA: Harvard University Press, 1994;

Kirshner, Julius. *Marriage, Dowry, and Citizenship in Late Medieval and Renaissance Italy*. Toronto: University of Toronto Press, 2015;

Kirshner, Julius, and Anthony Molho. "The Dowry Fund and the Marriage Market in Early Quattrocento Florence." *Journal of Modern History* 50, no. 3 (1978): 404 – 38.

当然，关于意大利金融史的参考文献有很多，但我对文艺复兴时期佛罗伦萨的美第奇银行（Medici Bank）的了解主要来自：

Parks, Tim. *Medici Money: Banking, Metaphysics and Art in Fifteenth Century Florence*. London: Profile Books, 2013.

下面这部作品也十分具有参考价值：

de Roover, Raymond. *The Rise and Decline of the Medici*

Bank, 1397 - 1494. London: Beard Books, 1999.

我通过亚当·戈普尼克（Adam Gopnik）了解到了“王者选择”（choix du roi）这个短语：

Gopnik, Adam. “Like a King.” *New Yorker*, January 31, 2000, 40 - 51.

关于罗斯柴尔德的婚姻，我参考了：

Ferguson, Niall. *The House of Rothschild: Money’s Prophets, 1798 - 1848*. New York: Viking, 1998;

Ferguson, Niall. *The House of Rothschild: The World’s Banker, 1848 - 1999*. London: Penguin, 2000.

关于泰国家族企业的研究参考了：

Bunkanwanicha, Pramuan, Joseph P. H. Fan, and Yupana Wiwattanakantang. “The Value of Marriage to Family Firms.” *Journal of Financial and Quantitative Analysis* 48, no. 2 (2013): 611 - 36.

关于选型交配的趋势我参考了如下几本著作：

Greenwood, Jeremy, Nezih Guner, Georgi Kocharkov, and Cezar Santos. *Marry Your Like: Assortative Mating and Income Inequality*. Working paper no. 19829. National Bureau of Economic Research, January 2014;

Eika, Lasse, Magne Mogstad, and Basit Zafar. *Educational Assortative Mating and Household Income Inequality*.Working paper no. 20271. National Bureau of Economic Research, July 2014.

新闻报道有：

Bennhold, Katrin. “Equality and the End of Marrying Up.” *New York Times*, June 12, 2012;

Cowen, Tyler. “The Marriages of Power Couples Reinforce Income Inequality.” *New York Times*, December 24, 2015;

Miller, Claire Cain, and Quoctrung Bui. “Equality in Marriages Grows, and So Does Class Divide.” *New York Times*, February 27, 2016.

关于美国在线和时代华纳并购案，参考了：

Okrent, Daniel. “AOL - Time Warner Merger: Happily Ever After?” *Time*, January 24, 2000;

Klein, Alec. *Stealing Time: Steve Case, Jerry Levin, and the Collapse of AOL Time Warner*. New York: Simon & Schuster, 2003;

Munk, Nina. *Fools Rush In: Steve Case, Jerry Levin, and the Unmaking of AOL Time Warner*. New York: HarperBusiness, 2004;

Arango, Tim. “How the AOL - Time Warner Merger Went So Wrong.” *New York Times*, January 10, 2010;

Marriage from Hell: The Breakup of AOL Time Warner. United States: CNBC, January 6, 2010. News Documentary;

Barnett, Emma, and Amanda Andrews. “AOL Merger Was the Biggest Mistake in Corporate History, Believes Time Warner Chief Jeff Bewkes.” *Telegraph*, September 28, 2010;

Perez-Pena, Richard. "Time Warner Board Backs AOL Spinoff." *New York Times*, May 28, 2009.

关于收购并购的观点，我参考了：

Bruner, Robert F. *Applied Mergers and Acquisitions*. Hoboken, NJ: J. Wiley, 2004;

Bruner, Robert F. *Deals from Hell: M&A Lessons That Rise Above the Ashes*. Hoboken, NJ: John Wiley & Sons, 2005;

Weston, J. Fred, Mark L. Mitchell, and J. Harold Mullherin. *Takeovers, Restructuring and Corporate Governance*. Upper Saddle River, NJ: Pearson Prentice Hall, 2004.

关于通用和费雪的关系，我参考了：

Klein, Benjamin, Robert Crawford, and Armen Alchian. "Vertical Integration, Appropriable Rents, and the Competitive Contracting Process." *Journal of Law and Economics* 21, no. 2 (1978): 297 – 326;

Klein, Benjamin. "Vertical Integration as Organizational Ownership: The Fisher Body – General Motors Relationship Revisited." *Journal of Law, Economics and Organization* 4, no. 1 (March/April 1998): 199 – 213;

Klein, Benjamin. "Fisher – General Motors and the Nature of the Firm." *Journal of Law and Economics* 43, no. 1 (2000): 105 – 42;

Freeland, Robert F. "Creating Holdup Through Vertical Integration: Fisher Body Revisited." *Journal of Law and Economics* 43, no. 1 (2000): 33 – 66;

Coase, R. H. "The Acquisition of Fisher Body by General Motors." *Journal of Law and Economics* 43, no. 1 (2000): 15 - 32;

CasadesusMasanell, Ramon, and Daniel F. Spulber. "The Fable of Fisher Body" *Journal of Law and Economics* 43, no. 1 (2000): 67 - 104;

Sloan, Alfred P. *My Years with General Motors*. Garden City, NY: Doubleday, 1964.

对通用—费雪并购案并不浪漫的解读，来自：

Coase, Ronald H. "The Nature of the Firm." *Economica* 4, no. 16 (1937): 386 - 405.

而更浪漫的版本取自：

Hart, Oliver D. *Firms, Contracts, and Financial Structure*. Oxford: Clarendon Press, 1995.

而介于两者之间还有一个版本：

Williamson, Oliver E. *Markets and Hierarchies: Analysis and Antitrust Implications: A Study in the Economics of Internal Organization*. New York: Free Press, 1983.

关于福特—凡士通的合作与分裂，我参考了：

Newton, James. *Uncommon Friends: Life with Thomas Edison, Henry Ford, Harvey Firestone, Alexis Carrel, and Charles Lindbergh*. New York: Mariner Books, 1989;

Aeppel, Timothy, Joseph B. White, and Stephen Power. "Bridgestone's Firestone Quits Relationship of 95 Years as Supplier of Tires to Ford." *Wall Street Journal*, May 21, 2001;

"Firestone Ends Ties with Ford." Digital Journal, May 22,2001. http://www.digitaljournal.com/article/32720;

Lampe, John T. John T. Lampe to Jacques Nasser. "The Firestone-Ford Break-up Letter." *USA Today*, May 21, 2001;

Mackinnon, Jim, and Katie Byard. "William Clay Ford's Death Brings Back Memories of Grand Akron Wedding in 1947." *Akron Beacon Journal*, March 12, 2014.

P117 "这个我们称作城市的……"：选自 1470 年通过的重组基金的法律，引自 Kirshner and Molho, "The Dowry Fund and the Marriage Market in Early Quattrocento Florence," 438.

"凋零"：observation of Franciscan observant Angelo Carletti da Chivass, quoted in ibid., 434.

"嫁妆基金是……"：同上。

P118 "除了她父亲提供的帮助……"：Ferguson, *The House of Rothschild: Money's Prophets, 1798 - 1848*, 43

P119 "只有罗斯柴尔德家族……"：Ferguson, *The House of Rothschild: The World's Banker, 1848 - 1999*, xxvi.

"我和家族的其他成员……"：Ferguson, *The House of Rothschild: Money's Prophets, 1798 - 1848*, 322.

P122 "我直说吧……"：Munk, *Fools Rush In*, 180.

"我操作这次并购……"：Klein, *Stealing Time*, 102.

P123 "时代华纳和美国在线的并购……"：Arango, "How the AOL - Time Warner Merger Went So Wrong." http://www.nytimes.com/2010/01/11/business/media/11merger.html.

"这是企业史上最大的错误"：Barnett and Andrews, "AOL Merger

Was the Biggest Mistake in Corporate History, Believes Time Warner Chief Jeff Bewkes." http://www.telegraph.co.uk/finance/newsbysector/mediatechnologyandtelecoms/media/8031227/AOLmerger-was-the-biggest-mistake-in-corporate-history-believesTime-Warner-chief-Jeff-Bewkes.html.

P125 "我们需要……": Munk, *Fools Rush In*, 264.

P126 "不同的物种……": Arango, "How the AOL－Time Warner Merger Went So Wrong."

"托马斯·爱迪生说……": Perez-Pena, "Time Warner Board Backs AOL Spinoff." 网址: http://www.nytimes.com/2009/05/29/business/media/29warner.html.

P134 "商业关系……": Lampe to Nasser, "The Firestone Ford Break-up Letter." http:usatoday30.usatoday.com/money/autos/2001-05-21-firestone-letter.htm.

第六章 梦想成真

关于杰里米·边沁的"自动图标"可以参考:

"Auto–Icon." UCL Bentham Project. https://www.ucl. ac.uk/Bentham-Project/who/autoicon.

关于该会议的具体细节，可以参见:

"Jeremy Bentham Makes Surprise Visit to UCL Council." UCL. July 10, 2013. https://www.ucl.ac.uk/silva/news/newsarticles/0713/10072013-Jeremy-Bentham-UCL-Council-visit.

关于边沁和斯密的论争参考了：

Smith, Adam. *The Wealth of Nations*. New York: Bantam Classics, 2003;

Bentham, Jeremy. *Defence of Usury*. London: Routledge/Thoemmes, 1992;

Hollander, Samuel. "Jeremy Bentham and Adam Smith on the Usury Laws: A 'Smithian' Reply to Bentham and a New Problem." *European Journal of the History of Economic Thought* 6, no. 4 (1999): 523 - 51.

关于《威尼斯商人》中对债务的讨论，参考了：

Shakespeare, William. *The Merchant of Venice*. The Merchant of Venice. Edited by Barbara A. Mowat and Paul Werstine. New York: Washington Square Press, 1992;

Sharp, Ronald A. "Gift Exchange and the Economies of Spirit in *The Merchant of Venice*." *Modern Philology* 83, no. 3 (February 1986): 250 - 65;

Draper, John W. "Usury in *The Merchant of Venice*." *Modern Philology* 33, no. 1 (August 1935): 37 - 47;

Auden, W. H. "A Merchant in Venice." In *The Merchant of Venice (Bloom's Shakespeare Through the Ages)*. New York: Bloom's Literary Criticism, 2008;

Bailey, Amanda. "Shylock and the Slaves: Owing and Owning in *The Merchant of Venice*." *Shakespeare Quarterly* 62, no. 1 (Spring 2011): 1 - 24;

Wills, Garry. "Shylock Without Usury." *New York Review of*

Books, January 18, 1990;

Berger, Harry. "Marriage and Mercifixion in *The Merchant of Venice*: The Casket Scene Revisited." *Shakespeare Quarterly* 32, no. 2 (July 1, 1981): 155 - 62.

关于奥威尔和贝娄的讨论，我参考了：

McCrum, Robert. "The Masterpiece That Killed George Orwell." *Guardian*, May 9, 2009;

Massie, Alex. "Jura Days." *Spectator*, August 2, 2013;

Bowker, Gordon. *George Orwell*. London: Abacus, 2004;

Bellow, Saul. *There Is Simply Too Much to Think About: Collected Nonfiction*. Edited by Benjamin Taylor. New York: Penguin Books, 2015

关于杰夫·昆斯的讨论，我参考了：

Croak, James. "The Closer: Memories of Jeff Koons." Hamptons Art Hub. August 11, 2014. http://hamptonsarthub.com/2014/08/11/the-closer-memories-of-jeff-koons;

Haden-Guest, Anthony. "Jeff Koons: Art or Commerce?" *Vanity Fair*, November 1991;

"Jeff Koons." Interview by Klaus Ottmann. *Journal of Contemporary Art*, 1995. http://www.jca–online.com/koons.html.

"Jeff Koons." Interview by Naomi Campbell. *Interview Magazine*, December 12, 2012. http://www.interviewmagazine.com/art/jeff-koons-naomi-campbell.

"Jeff Koons: Diary of a Seducer." *In Imagine . . .* BBC One,

June 30, 2015;

Salmon, Felix. "Jeff Koons: A Master Innovator Turning Money into Art." *Guardian*, July 3, 2014;

Schjeldahl, Peter. "Selling Points: A Jeff Koons Retrospective." *New Yorker*, July 7, 2014.

关于债务选择的部分，我参考了许多大有助益的重要文献，其中有：

Bhattacharya, Sudipto. "Corporate Finance and the Legacy of Miller and Modigliani." *Journal of Economic Perspectives* 2, no. 4 (Fall 1988): 135 – 47;

Harris, Milton, and Artur Raviv. "The Theory of Capital Structure." *Journal of Finance* 46, no. 1 (March 1991): 297 – 355;

Hart, Oliver, and John Moore. "Default and Renegotiation: A Dynamic Model of Debt." *Quarterly Journal of Economics* 113, no. 1 (1998): 1 – 41;

Modigliani, Franco, and Merton H. Miller. "Corporate Income Taxes and the Cost of Capital: A Correction." *American Economic Review* 53, no. 3 (June 1963):433 – 43;

Modigliani, Franco, and Merton H. Miller. "The Cost of Capital, Corporation Finance, and the Theory of Investment." *American Economic Review* 48, no. 3 (June 1958): 261 – 97;

Myers, Stewart C., and Nicholas S. Majluf. "Corporate Financing and Investment Decisions When Firms Have Information that Investors Do Not Have." *Journal of Financial Economics* 13, no. 2 (1984): 187 – 221.

关于债务积压，可以参考：

Ishiguro, Kazuo. *The Remains of the Day*. New York: Knopf, 1989;

Myers, Stewart. "Determinants of Corporate Borrowing." *Journal of Financial Economics* 5, no. 2 (1977): 147 - 75.

关于讨论国债的相关概念，可以参考：

Bulow, Jeremy, and Kenneth Rogoff. "Cleaning Up Third-World Debt Without Getting Taken to the Cleaners." *Journal of Economic Perspectives* 4 (1990): 31 - 42.

关于遗憾，可以参考：

Roese, Neal J., and Amy Summerville. "What We Regret Most . . . and Why." *Personality and Social Psychology Bulletin* 31, no. 9 (September 2005): 1273 - 85;

Parker-Pope, Tara. "What' s Your Biggest Regret?" *New York Times*(blog), March 23, 2011. http://well.blogs.nytimes.com/2011/03 /23/whats–your–biggest–regret/?_r=0。

关于承诺机制，可以参考：

Bryan, Gharan, Dean Karlan, and Scott Nelson. "Commitment Devices." *Annual Review of Economics* 2 (September 2010): 671 - 98.

关于资金杠杆福利，可以参考：

Jensen, Michael C. "Agency Cost of Free Cash Flow,

Corporate Finance, and Takeovers." *American Economic Review* 76, no. 2 (May 1986): 323 - 29;

Watson, Thomas J., and Peter Petre. *Father, Son & Co.: My Life at IBM and Beyond*.New York: Bantam Books, 1990;

Shenk, Joshua Wolf. "What Makes Us Happy?" *Atlantic*, June 2009;

Vaillant, George E. *Triumphs of Experience: The Men of the Harvard Grant Study*. Cambridge, MA: Belknap Press of Harvard University Press, 2012;

Jefferson, Thomas. Thomas Jefferson to José Corrêa da Serra. December 27, 1814. Monticello, Charlottesville, Virginia. http://founders.archives.gov/documents/Jefferson/03-08-02-0143.

P137 "浪费者和投机家"：Smith, *The Wealth of Nations*, book II, chapter 4.

"对于这种情况……"：Bentham, *Defence of Usury*, 174.

"假装守护私人的经济状况……"：同上，157。

P138 "不分青红皂白地排斥"：同上，135。

"他免费给人贷款……"：Shakespeare, *The Merchant of Venice*, act I, scene 3.

P139 "将效用与义务……"：Auden, "A Merchant in Venice," 147.

"让受益人咬住……"：Berger, "Marriage and Mercifixion in *The Merchant of Venice*," 160.

"少有戏剧……"：Auden, "A Merchant in Venice," 140.

"在《威尼斯商人》中……"：同上。

P144 "新闻界让他无法呼吸"：McCrum, "The Masterpiece

That Killed George Orwell." https://www.theguardian.com/books/2009/may/10/1984-george-orwell.

P145 “所有人都来找我……”：同上。

“无人能及”：Massie, “Jura Days.” 网址：http://blogs.spectator.co.uk/2013/08/jura-days-2.

“独自一人与纸页……”：Bellow, *There Is Simply Too Much to Think About*, 201.

“一个庞大的团队……”：同上，135。

“当今世界艺术家的标杆”：Schjeldahl, “Selling Points.” http://www.newyorker.com/magazine/2014/07/07/selling-points.

P146 “负责构思的人……”：克劳斯·奥特曼对昆斯的采访，http://www.jca-online.com/koons.html.

“不断投入昂贵……”：Schjeldahl, “Selling Points.”

“一个保证作品……”：那欧米·坎贝尔对昆斯的采访，http://www.interviewmagazine.com/art/jeff-koons-naomi-campbell.

P147 “昆斯模式……”：Salmon, “Jeff Koons: A Master Innovator Turning Money into Art.” https://www.theguardian.com/artanddesign/2014/jul/03/jeff-koons-master-innovator-whitney-money-art.

“昆斯的做法……”：同上。

P151 “资深员工之间的……”：Ishiguro, *The Remains of the Day*,51.

“我想你一定是……”：同上，173。

“我认为，肯顿小姐……”：同上。

P152 “成就感”：同上，110，227。

“我（为达灵顿勋爵）……”：同上，242。

P156 “无法偿付债务……”：Jensen, “Agency Cost of Free Cash Flow, Corporate Finance, and Takeovers,” 323.

P157 “不要去交……”：Watson and Petre, Father, *Son & Co.*, 67.

P158 “是社交能力”：Shenk, “What Makes Us Happy?” http://www.theatlantic.com/magazine/archive/2009/06/what-makesus-happy/307439.

P159 “我一直认为……”：Jefferson to José Corrêa da Serra. http://founders.archives.gov/documents/Jefferson/03-08-02-0143.

P160 “你能感觉到……”：Koons, “Jeff Koons: Diary of a Seducer.” https://vimeo.com/121220005

第七章　转败为胜

关于罗伯特·莫里斯的生活，我参考了：

Smith, Ryan K. *Robert Morris's Folly: The Architectural and Financial Failures of an American Founder*. New Haven, CT: Yale University Press, 2014;

Rappleye, Charles. *Robert Morris: Financier of the American Revolution*. New York: Simon & Schuster, 2010;

McCraw, Thomas K. *The Founders and Finance: How Hamilton, Gallatin, and Other Immigrants Forged a New Economy.* Cambridge, MA: Belknap Press of Harvard University Press,2012.

破产法创立初期，罗伯特·莫里斯在其中起到的推动作用，在如下著作中有所体现：

Mann, Bruce H. *Republic of Debtors: Bankruptcy in the Age of American Independence*. Cambridge, MA: Harvard University

Press, 2002.

还有一部很好的文献：

Skeel, David A. *Debt's Dominion: A History of Bankruptcy Law in America.* Princeton, NJ: Princeton University Press, 2001.

关于从失误中学习经验的观点，参考了：

Edmondson, Amy. "Strategies for Learning from Failure." *Harvard Business Review*(April 2011 reprint): 1 - 9.

美国柏尚风险投资公司的反投资组合在这里可以找到：https://www.bvp.com/portfolio/anti–portfolio.

关于雷曼兄弟破产案，可以参考：

McCracken, Jeffrey. "Lehman's Chaotic Bankruptcy Filing Destroyed Billions in Value." *Wall Street Journal*, December 29, 2008.

关于美国航空公司破产案最全的信息，则可以在如下著作中找到：

Shih, Willy. "American Airlines in 2011." Harvard Business School Case 615-009, July 2014 (revised November 2015);

Lynagh, Connor, Darryl Pinkus, Andrew Ralph, and Michael Sutcliffe. "The American Airlines Bankruptcy." Turnaround Management Association. https://turnaround.org/cmaextras /Carl-Marks-Competition-American-Airlines.pdf.

我还参考了一些新闻文章：

Bailey, Jeff. "Anger Management at American Airlines." *New York Times*, July 23,2006;

Mouawad, Jad. "A Waning Star of Air Travel Struggles as a Solo Act." *New York Times*, May 19, 2010;

Lindsay, D. Michael. "A C.E.O.' s Moral Stand." *New York Times*, November 30, 2011;

Maxon, Terry. "Former AMR Board Member Credits Ex-CEO Gerard Arpey for Keeping Company Going." *Dallas News*, November 30, 2011;

Brown, Nick. "AMR Labor Needs Shifted After Bankruptcy." Reuters, April 26, 2012;

"AMR All Shook Up." *Bloomberg News*, November 30, 2011;

Gandel, Stephen. "American Airlines: Bankrupt Companies Are Healthier than They Used to Be." *Time*,November 30, 2011.

员工信息来自：

"Overview of BLS Statistics by Industry." U.S. Bureau of Labor Statistics. 2016. http://www.bls.gov/bls/industry.htm.

关于最近的破产法案例，可以参考：

Gilson, Stuart C. *Creating Value Through Corporate Restructuring: Case Studies in Bankruptcies, Buyouts, and Breakups*. New York: Wiley, 2001.

关于希腊悲剧和玛莎·努斯鲍姆的讨论，我参考了：

Eliot, T. S. *Four Quartets*. London: Faber & Faber, 1944;

Euripides. *Iphigenia in Aulis*. Translated by Nicholas Rudall. Chicago: Ivan R. Dee, 1997;

Euripides. *Hecuba*. Translated by Janet Lembke, and Kenneth J. Reckford. New York: Oxford University Press, 1991;

Eknath, Easwaran. *The Bhagavad Gita*. Petaluma, CA: Nilgiri Press, 1985;

Nussbaum, Martha C. *The Fragility of Goodness: Luck and Ethics in Greek Tragedy and Philosophy*. Cambridge: Cambridge University Press, 1986;

Knull, Katie Roth, and Jack Sameth, producers. "Martha Nussbaum." Transcript. In *Bill Moyers's World of Ideas*. PBS, November 16, 1988;

Nussbaum, Martha C. "The Costs of Tragedy: Some Limits of Cost Benefit Analysis." *Journal of Legal Studies* 29, no. 2 (June 2000): 1005 - 36.

关于《薄伽梵歌》和 T.S. 艾略特（还有边沁和斯密）的紧密联系，可以参考：

Sen, Amartya K. "Money and Value: On the Ethics and Economics of Finance." Bank of Italy Baffi Lecture, 1991.

P165 "美国经济一直……"：Mann, *Republic of Debtors*, 262

P167 "像一场小地震……"：Fisher, quoted in Smith, *Robert Morris's Folly, 207*.

"莫里斯会沦落至此……"：Mann, *Republic of Debtors*, 207.

"这是法律中有关失败的一个里程碑"：同上，229。

P169 "人必须承认，在今天复杂……"：Edmondson, "Strategies for Learning from Failure," 9.

P170 "破产法的本质性……"：Mann, *Republic of Debtors*, 255.

P174 "你可以说我老派……"：Bailey, "Anger Management at Amer-ican Airlines." http://www.nytimes.com/2006/07/23/business/yourmoney/23arpey.html.

"我仍然坚信……"：Arpey, quoted in Mouawad, "A Waning Star of Air Travel Struggles as a Solo Act." http://dealbook.nytimes.com/2010/05/20/waning-star-of-the-air-struggles-as-solo-act/?_r=0.

"阿尔佩对公司和员工……"：Boren, quoted in Maxon, "Former AMR Board Member Credits Ex-CEO Gerard Arpey for Keeping Company Going." http://www.dallasnews.com/business/airlines/2011/11/30/former-amr-board-member-credits-ex-ceo-gerard-arpey-forkeeping-company-going.

P175 "此事事关重大……"：American Airlines press release, quoted in "AMR All Shook Up," and Gandel, "American Airlines."

P179 "如果不服从……"：Agamemnon, quoted in Nussbaum, "The Costs of Tragedy," 1005 - 36. 这句话在不同文献中有不同翻译版本。我引用的是纳斯鲍姆的文章中的注脚，在下面的网址还有不同版本：http://www.poetryintranslation.com/PITBR/Greek/Agamemnon.htm.

"这不是永别……"：Eliot, *Four Quartets*, 31.

P180 "我的价值观越丰富……"：Nussbaum, *The Fragility of Good-ness*, 7

P181“我们认为可以做的……”：Brown, “AMR Labor Needs Shifted After Bankruptcy.” http://www.reuters.com/article/us-amr-hearing-idUSBRE83P1L220120426.

P182“对二人究竟孰是孰非……”：James Dubela, email to author, July 15, 2016.

P183“我认为，出现这样的结果……”：Nussbaum, interview in *Bill Moyers's World of Ideas*. http://www.pbs.org/moyers/journal/archives/nussbaumwoi_flash.html.

P185“我总是需要在冲突的……”：Nussbaum, *The Fragility of Goodness*, 5.

第八章 为什么大家都讨厌金融

本章主要引用的文献是：

Tolstoy, Leo. “How Much Land Does a Man Need?” Translated by Ronald Wilks. New York: Penguin Books, 2015;

Dreiser, Theodore. *The Financier*.Cleveland, OH: World Pub., 1940;

Ellis, Bret Easton. *American Psycho*. New York: Vintage Books, 1991；

DeLillo, Don. *Cosmopolis*. New York: Scribner, 2003;

Cather, Willa. *O Pioneers!* In *Willa Cather: Novels and Stories 1905 - 1918*. New York: Library of America, 1999.

文中对乔伊斯的引用选自：

Orwin, Donna Tussing. *The Cambridge Companion to Tolstoy.* Cambridge: Cambridge University Press,2002.

关于马丁·施克莱里，我引用了：

Goldman, David. "Who Is Martin Shkreli? A Timeline." CNN Money, December 18, 2015. http://money.cnn.com/2015/12/18/news/companies/martin-shkreli/;

McLean, Bethany. "Everything You Know About Martin Shkreli Is Wrong — or Is It?" *Vanity Fair*, February 2016;

Sanneh, Kelefa. "Everyone Hates Martin Shkreli. Everyone Is Missing the Point." *New Yorker*, February 5, 2016.

关于公众对金融的看法，我参考了：

Owens, L. A. "The Polls — Trends: Confidence in Banks, Financial Institutions, and Wall Street, 1971 - 2011." Public Opinion Quarterly 76, no. 1 (2012): 142 - 62.

对德莱塞的采访选自：

Rusch, Frederic E., and Donald Pizer, eds. *Theodore Dreiser: Interviews*. Urbana: University of Illinois Press, 2004.

关于归因误差，我参考了：

Heider, Fritz. *The Psychology of Interpersonal Relations*. New York: Wiley, 1958;

Larson, James R. "Evidence for a Self-Serving Bias in the Attribution of Causality." *Journal of Personality* 45, no. 3 (1977): 430 - 41;

Miller, Dale T., and Michael Ross. "Self-Serving Biases in the Attribution of Causality: Fact or Fiction?" *Psychological Bulletin* 82, no. 2 (1975): 213.

我注意到薇拉·凯瑟，是因为看到了这本书：

Cox, Stephen. "The Panic of'93: The Literary Response." In *Capitalism and Commerce in Imaginative Literature*. Edited by Edward Younkis. Lanham, MD: Lexington Books, 2016.

P188 "世界文学史上最棒的故事"：Joyce, quoted in Orwin, *The Cambridge Companion to Tolstoy*, 209.

P189 "名副其实的地主"：Tolstoy, "How Much Land Does a Man Need?," 4.

"满心欢喜……"：同上，5。

"一切看起来都十分美好……"：同上，8。

P190 "我们有既定价格……"：同上，13。

"帕霍姆的工人……"：同上，21。

P191 "只要我有大片土地……"：同上，2。

"我将给你足够的……"：同上。

P192 "这个小事件……"：Dreiser, *The Financier*, 11.

"……奇怪而强大的残忍的东西……"：Dreiser, quoted in Rusch and Pizer, *Theodore Dreiser*, 35.

P199 "凑起能凑的每一分钱……"：Cather, *O Pioneers!*, 171.

"向男人了解收成……"：同上，170。

P200 "地在他们手里……"：同上。

"但你怎么就知道……"：同上，171。

"我就是知道……"：同上。

"我当时绝不会相信……"：同上，190。

"卢和我在饲料的问题上意见相左……"：同上，181。

P201 "你现在得到的一切……"：同上，220。

"如果你们有种……"：同上，192。

"那就是浪费火药……"：同上。

"这件事跟我们的决定……"：同上，194。

P202 "奇怪的是……"：同上，178。

"我不需要钱……"：同上，278。

"这是她一直以来……"：同上，220。

"他在异国他乡……"：同上，280。

"我绝不会放弃努力……"：同上，283。

"如果我真的……"：同上，289。

P203 "其实人们生活中的故事……"：同上，196。

后记

关于两种文化的碰撞，我参考了：

Snow, C. P. *The Two Cultures and the Scientific Revolution.* 1st ed. New York: Cambridge University Press, 1959;

Wilson, Edward O. *Consilience: The Unity of Knowledge*. New York: Vintage Books, 1999;

Gould, Stephen Jay. *The Hedgehog, the Fox, and the Magister' s Pox:Mending the Gap Between Science and the Humanities*. New York: Harmony Books, 2003.

P205 "传统文化的文学……"：Snow, *The Two Cultures and the Scientific Revolution*, 15

P206 "这种两极分化……"：同上，12。

“思想和创造的中心……”：同上，17。

“为了知性生活……”：同上，53。

“当这二者分而立之……”：同上。

P208 “爱奥尼亚式迷情”：Wilson, *Consilience*, 5.

“只有一个办法……”：同上，137。

“我们共同的思想……”：同上，71。